守护孩子安全一定要知道的17个方法

[美] 丽贝卡·贝利 Rebecca Bailey
伊丽莎白·贝利 Elizabeth Bailey

中国青年出版社 CHINA YOUTH PRESS
中青文传媒

图书在版编目(CIP)数据

守护孩子安全一定要知道的17个方法 /(美)贝利,(美)贝利著;徐冉译.
—北京:中国青年出版社,2014.10
书名原文:Safe kids, smart parents: what parents need to know to keep their children safe
ISBN 978-7-5153-2640-5
Ⅰ.①守… Ⅱ.①贝… ②徐… Ⅲ.①儿童教育-安全教育 Ⅳ.①G611
中国版本图书馆CIP数据核字(2014)第190688号

守护孩子安全一定要知道的17个方法

作　　者:[美]丽贝卡·贝利　伊丽莎白·贝利
译　　者:徐　冉
责任编辑:龙彬彬
美术编辑:李　甦
出　　版:中国青年出版社
发　　行:北京中青文文化传媒有限公司
电　　话:010-65511270/65516873
公司网址:www.cyb.com.cn
购书网址:zqwts.tmall.com　www.diyijie.com
制　　作:中青文制作中心
印　　刷:北京中科印刷有限公司
版　　次:2015年1月第1版
印　　次:2015年1月第1次印刷
开　　本:787×1092　1/32
字　　数:140千字
印　　张:7.5
京权图字:01-2013-8565
书　　号:ISBN 978-7-5153-2640-5
定　　价:32.00元

SAFE KIDS,
SMART PARENTS
目录
contents

一位母亲的话

我希望正在阅读本书的您可以同您的孩子一起分享它。因为没有人想要重复我的过去，而也许现在您所读到的内容正可以帮助您远离一场悲剧。

我所经历的过去如同一位战士的故事。不，我并没有真正参加过任何战役，但是充斥在我脑中的战斗意识让我好像变成了一位驰骋沙场多年的退伍老兵；我并非英雄，甚至不知道敌人是谁；我只是飘荡在永远不会给出答案的战场上，度过了十八年光阴，用我心中的那架自动驾驶仪默默地战斗着。

1991年6月10日，那一天，生活变得支离破碎。我的女儿，那个漂亮、天真无邪的小姑娘被绑架了。不知名的敌人带走了我最大的孩子，也带走了我生命的回忆和不计其数的珍贵与美好。在这场悲剧性的战役后，生活再也不是从前的样子，然而我却学会了与之抗争。我知道再也回不到从前，尽管如此，在经过十多年不断的询问、自我斗争，内心那股小小的希望之火却从未熄灭，我仍旧在期待着。

在这如同地狱般的十八年中，我不停地在想我的女儿究竟遭遇了什么。我永远无法从噩梦般的现实中醒来，却有种声音一直在对我说我还会见到她，虽然不知是今生还是何时。在2009年的8月27日，我的小女孩，如今已是29岁的大姑娘，就像在那个可怕的星期一早上突然消失一样，又突然出现在我的生活中。然而，这时我所面对的不仅是该怎样接受与女儿突然的重逢，还有与她的两个女儿该如何相处。

如果是您，面对这样的震惊会怎么做呢？我希望你们中的任何一个人都不要面对这种心爱的人突然消失、又以陌生人的身份突然出现、然后重新磨合的故事。我十分感激女儿能够重新回到我的生命中来，然而我们的确正在面对这个双方都要付出、要去适应解决的难题。

起初的几个星期是最艰难的，几次我都感觉到不知所措、无从下手，然而同时也知道当我们一起克服它之后，一切都是值得的。我很清楚不管现实有多艰难，我们都会一起走过，我不会放弃，就像当年我从没有放弃我可以重新抱着我的小女孩告诉她我很爱她一样。

事实上，在我的内心中还是隐藏着从未表现出来的恐惧。这种感觉就像让您终生生活在您所有过的最恐惧的梦中一样。十八年来，我的生活完全失去了控制——我没有办法去惩罚那个把我女儿带走的浑蛋；除了充斥在我的脑海和心中，我不知道该去哪里寻找我的孩子。我也害怕同样的悲剧会再次发生，害怕其他或者同一个浑蛋把我的小女儿也带走。就是在这些恐惧的笼罩下，我度过了十八年。既是受害者，也是幸存者。您可能体会不到这种感触，但哪怕是孩子有一秒钟消失在您的视野中，您大概就会明白我所难以形容的这种痛苦。

很高兴现在能够有这样一本书。孩子们需要了解面对可怕、具有挑战性的情况时，应该要有什么样的心理、要做出怎样的反应。他们也需要学习技能、掌握相关知识，这样才会避免可怕的情况发生在自己身上。回想一下在您小的时候，您的父母是怎样教导您的？那些难以启口的话题您会同他们讨论多少呢？绑架很恐怖，虐待、侵犯也很恐怖。但是，请不要因为不想面对这些话题就避开这本书。因为我们从来都没有办法知道，哪些您读过的、告诉过孩子的内容，就会让他（她）在面临危险、可怕的情况时，避免一场悲剧的发生。

特里·普洛宾

SAFE KIDS,
SMART PARENTS

前言

Preface

保障孩子的安全是一件十分简单、充满互动和乐趣的事情，我们希望您在读完本书以后能跟我们有同样的感受。安全教育的意义在于让孩子了解他们身处的环境，学会如何在日常生活中做出保障自身安全的选择。当然孩子们需要家长的帮助，家长得去引导他们进行辩证思考，从而做出理智的决定。

我们相信不知您是否已经对保护孩子的基本原则有一定的了解，是否曾经讨论过怎样避免危险情况的发生，是否有过在游戏中增强孩子安全意识的经历，或者是否曾经告诉过他们哪些行为应当避免……其实以上这些，都已经在无形之中增强了孩子们的忧患意识、在潜移默化中帮助他们增强了对世界的了解。我们也将在本书中集中介绍关于避免儿童被绑架、拐卖、性侵的方法，这也是我们专业擅长的领域，相信这些信息可以运用到保护孩子安全的方方面面。

为使您阅读得更加方便，我们将本书划分为几个不同的部分。第一部分以父母作为目标阅读群，介绍孩子可能面临的潜在危险以及如何教导孩子学会面对世界的策略。

本书的第二部分——《孩子安全智囊》划分为六个板块，提供相关建议单、游戏活动、案例及其他信息等等，其中甚至包括一个专门为孩子编写的板块。您可以选择与孩子共同阅读或者分开阅读，便于理解在接下来的章节中讨论的概念。

家长跟孩子都需要不断地练习与实践，要时刻记住“实践、实践、再实践”这个口号。当练习到安全意识已经变成本能的时候，便实现了“父母聪明，孩子安全”这个目标。本书传达的信息很简单，我们希望您在遇到不同情况的时候可以多次阅读本书，依据孩子年龄的变化而灵活改变相应做法。

最后需要强调的是本书中所提到的案例都是真实发生的，我们通过对近几年发生的事情以及工作、家庭、生活中的亲身经历，来对不同概念及定义做出解释说明，当然我们修改了故事中的人名、日期和地点以此来保护当事人以及家人、同事的隐私。

我们的目标只有一个，那就是保障孩子的安全，出于这样的意图我们编写了本书，希望能以更加便捷、轻松的方式给您和孩子的安全问题做出一定指导，也希望本书可以成为您反复阅读的得力助手，您的孩子变得更安全、更聪慧、更快乐便是我们最大的愿望。

衷心地祝福您家庭幸福、美满、平安。

I

第一章

知识、沟通和爱

What's All This About?

本书包含：

知识

沟通

爱

当孩子还小的时候，是否有过带他们去海边或者泳池的经历？还记得第一次去的时候是什么样子吗？应该是您把他们放到救生圈或者浮板上，在旁边看着他们慢慢地把脚放到水里面吧。或者您的孩子现在刚好那么大，正打算买一堆防晒霜及防护用具带他们去浅水池。而下次再带他们去的时候，或许已经是一年后了，孩子又长大了一岁，也变得更聪明，这个时候您可能会站得更远一些，甚至都可以放心地跟旁边的人聊天了。

几年之后当您再次来到海边或者泳池的时候，孩子们应该都可以自信满满地在水里玩耍了，其中很多孩子已经学会了游泳。他们也曾多次被父母或者教练教导不要在饭后下水、不要游得太远、不要围着泳池边跑等等，慢慢地掌握了基本的技能与常识。这个时候您便可以在孩子下水后拿起杂志在旁边阅读了。这并不是不在乎、不担心孩子的表现，这是一个让他们去自己长大的过程。孩子们已经让我们看到了进步，看到他们可以做到之前无法做到的事了。

对于这个过程，家长们不能心急，要知道等孩子长到一定年龄的时候，我们甚至都可以悠闲地在旁边读完一整章节了。

为什么要阅读本书

您或许认为自己已经是一名合格的家长了，非常了解自己的孩子。然而如今很多这样的话题摆在了家长和孩子的面前：拐骗、绑架、性侵、虐待、媒体效应、暴力及其他问题等等。这些话题对于家长而言很难启齿，所以学习怎样正确地与孩子沟通十分必要。有时家长或者监护人甚至认为与孩子讨论这些话题太过“恐怖”，然而事实究竟是怎样的呢？专家都是怎么解决这些问题的呢？在本书里，我们会给您介绍一些基本的知识与技巧，您可以利用它们与家人讨论安全、绑架、性侵、大众媒体、网络等如今的孩子会面临的问题。同时对孩子而言，这也是一次学习、成长、辩证思考的机会，整个过程家长都应在孩子身边给予帮助。就像带孩子去游泳的道理一样，一段时间之后他们就会证明自己已经可以独立处理不同的情况了，尽管这需要时间与耐心，但是慢慢地，孩子就会理解和掌握。

其实在孩子很小的时候便可以与他们讨论这类问题了，孩子在这个过程中可以学会如何迅速地适应新环境、如何根据不同的情况做出相应的回应，这些学习都会让他们今后受益无穷。家长若是可以如实地向孩子讲解、讨论这些看似棘手的问题，孩子就可以慢慢学会辩证思考、分析形势、自己做决定。通过对这些或轻或重的事件的讨论，孩子们可以从很小的时候就获得安全地与这个繁杂的世界相处的能力。

家长们要教给孩子应对挑战需要的技巧与技能，告诉他们要无惧困难与危险，要学会坚强、学会保护自己。在这个过程中，父母与孩子的关系也能变得更加亲密，同时也帮助自己去理解和面对更大的世界。这，便是我可以给您的承诺。

准确信息的重要性

大约在三十五年前，我和姐姐住在波士顿城外的一个小镇上，我们的一个朋友突然间就消失了，我们知道的仅仅是她不见了，而且从此之后就再也没有人谈论过这件事。开车上学经过她家门前时，我偶尔便会猜想她到底发生了什么事情。在我眼里她几乎就是完美的化身——美丽的卷发、迷人的酒窝，这些一直回旋在我的脑海中。

很多年后，我才知道我的姐姐伊丽莎白也没有忘记她。通过聊天，我们竟然发现两个人对这件事有着截然不同的印象。因为无法搜集新的信息，周围认识的人也不知道到底发生了什么事情，所以究竟谁的说法正确，至今还是个谜。她突然消失的背后有着怎样的故事？后来有没有再被找到？这些答案看来都无人知晓了，所有的一切都因为她的消失变得无从回答。所有人知道的仅仅是她不见了，或者用现在的说法就是“她走失了”。

几年之后又发生了一件与此类似的事，我的一个在儿童野营团里认识的朋友也突然间消失了。不过这个时候我已经大到可以记住一些当时的传言，有的说可能是因为家庭成员绑架，有的甚至说是被杀害。但与上则故事类似的是，社区仍然没有对这件事公开发起讨论，只有各路流传的小道消息而已。无人提问自然就不会有合理的解答。或许这是人们的恐惧心理在作怪，认为要是过多地谈论这种难以置信又惊悚的事情，可能就会真的发生在自己身上。然而作为家长，与孩子谈论这些话题是我们的责任，并且谈论的内容要与孩子的年龄相符合。我在此特别强调一定要有这个交流的过程，因为无论多大的孩子都需要了解、需要认识、需要掌握信息，或者说是需要掌握“常识”。

1993年，加州柏城，一名罪犯将十二岁的小女孩波利·克拉斯从她的卧室里带走了。附近的居民都知道了这起绑架事件，媒体也不论是事实还是谣言都一并报道。这些报道让附近的年轻人很难对这件事有正确的认识，也不知道怎样去避免这样的悲剧再度发生，因此大部分年轻人都产生了极大的无力和焦虑感，甚至最后都接受了这种意外发生在自己身上的可能性，而且更令人震惊的是竟然很少有家长会同自己的孩子讨论克拉斯被绑架的时间。两个月后，这起案件的罪犯被绳之以法，他也承认了自己的罪行。从此很多人便开始把这件事抛之脑后，不愿承认它曾经发生过，更不愿承认它对自己正常的家庭生活产生了影响。而事实却是如果家长因为自己的恐惧避开与孩子讨论，那么则会让更多孩子深陷在自己的负面情绪里难以走出来。

最近有一位当年居住在“波利·克拉斯事件”所发生的社区里的年轻女性，在当地报纸上发表了一篇社论，其中谈到了关于这个事件的一些真实情况。她提到在过去这么久后自己仍然从这件事中学习到很多东西，因为正是通过这件事，她开始理解父母之前的一些保护自己的行为，而这些行为是她以前无法理解的。她补充说，她还弄明白了自己害怕黑夜的原因。“这些明明可以从这个事故中学到的道理，为什么要等到成年以后再去学着理解呢？”她建议家长们应该根据孩子的年龄适当地给他们讲述一些最近发生的事情，这样也对孩子理解父母的行为和想法有所帮助。

把握度是关键

孩子们对发生在自己周围的事件应该有着准确的认识。很多时候家长或者监护人都会苦恼怎样去对孩子解释这些复杂、吓人的事情，比如说大多数父母都不知道怎样去跟孩子讲述“9·11”事件，讲的度在哪里，哪些信息是对孩子有帮助的，哪些又是可能会让他们产生恐惧心理的。绝大部分父母们都会得出这样的结论：只有告诉孩子发生了什么他们才会明白大人们震惊的原因以及聊天的内容。因此，以正确的方式讲述这些信息对所有年龄段的孩子来讲都是十分必要的。本书的目的也是要帮助父母跟孩子可以更好地讨论绑架、性侵、拐骗及其他本地或国际上骇人听闻的事件等话题。而这一切都是从沟通开始……

沟通是最佳方式

曾与波利·克拉斯居住在同一个社区的女孩杰斯·里·杜哥德，在十六年后，才结束了在我这边的心理治疗。这个女孩有过被绑架18年后成功逃脱的经历。其实，家长们应当以坦诚、正确的方式去和孩子们交流，他们需要找到适合自己的途径去讨论这些无法避免的话题。与此同时，孩子们也应该把自己的恐惧与害怕表达出来，同家长一起去试着找寻这些问题的答案。因为这都是与孩子生活息息相关的，就算再难启齿，父母们也无法逃避。事实上，只有当家长有开放式沟通的意愿，才能迈出让对话变轻松的第一步。本书认为在沟通中，比注意孩子的言论更重要的是，父母们应注意从自己口中所传达出的信息。

最强大的武器是爱

爱是您作为父母，在与孩子一同面对这些恐怖、夸张、难以置信的问题的时候，所能给予他们的最好的礼物。在讨论这些问题的同时，要教导相应的技能。这些技能可以让孩子们受益终生，即使遇到最坏的情况，孩子也会设法将其化解；这些技能也会缓解孩子受到的惊吓，还能让一个没有安全感的孩子变得更加自信。其实确保孩子安全最强大的武器就是您对他们的爱，这份不会因为任何变化而动摇的爱。而让孩子学会安全地与这个世界相处，也是一种表达爱的方式。这就是为什么我和姐姐都坚持认为以创新、有效的方式去讨论，这些棘手的话题都会成为您和孩子之间最有意义的对话。

2

第二章

别害怕：它们发生的概率很小

Don't Be Afraid

保护孩子的最佳方法：

多与孩子沟通

让孩子从知识中获得力量

如果您对别人提起有关儿童绑架、性侵等话题时，大多时候都会得到激烈的反应。因为这些词语几乎就是恐怖、不安的代名词，所有人都希望这样的事情永远不要发生在自己孩子的身上。然而事实却是它们总是会在我们身边，比如知名教练被指控骚扰、绑架甚至谋杀孩子等等。

我们总会在新闻头条里面听到这样的故事，总是会在超市杂志处的封面上看到这样的画面。新闻报道中所提到的数字往往会让人大吃一惊，听到每年有80万的孩子丢失、有58000例家庭绑架事件发生，有时甚至会听到比这更大的遭遇拐骗的孩子的数量。那么事实究竟是怎样的呢？我们应该这样恐惧吗？尽管分析解释这些数字是专家们的工作，但是我们作为家长也要毫无懈怠地去保护孩子的安全。

数字可能会帮助您更清楚地了解现实。这个庞大的走失儿童的数字是将逃跑、走失的孩子包括在其中的，同时也包括被丢弃的孩子，所以很多人的名字会在数据库里同时出现两次。这些数据则都是以司法部门的报告为基础的。

关于绑架

- 据报道每年有797500名18岁以下的儿童会走失。
- 有203900名的儿童是家庭成员绑架的受害者。
- 有58200名儿童遭遇非家庭成员绑架。
- 只有115名儿童的绑架是大家通常所说的“典型性”拐骗。

然而事实上，儿童遭遇陌生人绑架的案例还是少数。以上所提到的统计数字中包含了各种情况，所以难以判断其准确性。那么请不要将注意力放在数字上，我们真正应当关心的还是儿童的安全和幸福问题。

我们为什么会害怕

当马路上的公告牌发出红色警报称有儿童被绑架的时候，大多数人都会瞪大眼睛，记下肇事车型以及车牌号码。我们往往都会默默地观察着周围的车辆然后赶紧把孩子带回家。但有些家长则会选择视而不见，希望坐在后座的孩子们没有看到公告牌也看不到新闻滚动条、杂志头条，这样他们就不会像我们一样恐慌。

父母们担心孩子的安全是人之常情。家长们往往苦于不知是该教给孩子们更多的安全知识还是应该保持他们对这个美好世界的最初幻想，或者说虽然明白教育安全知识的必要性，但不确定在孩子还很小的时候就开始普及是不是有些为时过早。还有人会这样问，“事实到底是什么样的，每天究竟有多少孩子走失？有多少孩子被绑架？”但是这些数字真的重要吗？就算是每天只有一个孩子走失都不是件可以坦然接受的事情。或许这时又会有朋友问到怎么去“吓唬”孩子才能让他们学聪明点见机行事呢？然而，如果一个人在什么都不知道、不了解的情况下，又怎么能很好地做好准备呢？

很多家长喜欢在孩子做一些含有危险性决定的时候在旁边指手画脚，这种做法是不对的。父母应该期待的是孩子在几年的学习实践之后，可以做出让自己远离危害的决定，当然在孩子更大一点的时候，这完全就由他们自己决定了。

当孩子还是襁褓中的婴儿的时候，他们看起来是那么纯粹、完美而且完全在父母的掌控之中。是从什么时候感觉不能完全保护他们了？又该怎么去教导孩子学会面对这个复杂的世界？又该怎么在不让他们感到害怕的前提下解释绑架这类恐怖的事情呢？

鼓励孩子参与讨论

也许看到这里您会问鼓励讨论是什么意思？像绑架这类话题应该怎样跟孩子解释？他们需要知道和了解哪些事情？这些问题

的答案并不是肯定的。每一个孩子都是独一无二的，性格也都不同，当然讨论内容的“度”跟讨论时间的选择都是由您自己来判断的。但是打开对话最好的办法就是直截了当地告诉孩子绑架并不是经常会发生的。或许在您了解到这些信息之前，会认为这类话题能避则避，认为不管多大的孩子都会通过其他的途径听到绑架、拐卖这类话题，但事实上他们需要更深入地讨论与了解。

关于绑架

- 考虑到孩子的年龄，要把重点放在传递给孩子更多信息以及保持孩子的安全感上面。
- 讲解安全守则，并且解释这些守则的重要性。
- 让孩子认识到绑架其实并不是很常见的。
- 询问孩子们是否曾经从电视上、网络上或者朋友那里听到这类惊悚的新闻。
- 讨论孩子曾经听到的内容。
- 再次确定孩子是否了解真实情况。
- 若是碰到了自己不了解的事情就勇于承认，而不是胡编乱造。
- 鼓励孩子要多多发问。

新闻中经常会出现这类信息的报道，而孩子们可能会通过广播、网络或者他人的言论等各种途径接触到。家长需要认识到孩子接收到的信息要远比自己想象的多得多，自己的角色是要帮助孩子去理解他们听到的信息。这些新闻出现的频率也会比您想象得要高一些，甚至经常是“直播”的状况。很多家庭都会一直开着电视，孩子就会从电视传出的“背景噪声”里面听到最新的新闻，而且年龄稍大的哥哥姐姐、朋友甚至超市新闻头条都会源源不断地把这些新闻带给孩子们。因此父母们要认识到当新闻频繁出现的时候，孩子会了解到什么程度，同时也要认识到孩子所接触的信息并不都是准确的，因为他们更容易曲解听到的故事及信息。

孩子获得消息的来源

- 车上的广播。
- 超市里的报刊头条。
- 街道公告。
- 学校老师。
- 善意的成年人。
- 网络头条。
- 询问孩子其他的信息来源。

举例来说，亲友绑架的比例要远远比陌生人绑架高得多。这对于孩子来说可能过于恐怖，他们无法接受亲人会伤害自己或者其他兄弟姐妹们的事实。家庭绑架也是一则比较难讨论的问题，要跟谁讨论这个问题呢？这个对话又要怎么开始呢？

在接下来的章节里，我们会一起尝试着给这些问题找到答案。但是有一点十分重要，那就是不要让您的孩子因为接触到的信息或者谈话内容受到伤害。我们的目标是要更好地保障孩子的安全，让孩子们对安全问题形成更准确的认识，一起面对这类难以启齿的话题，而不是让孩子产生恐惧心理。

知识就是力量

那么为什么父母们都不愿与孩子讨论这类棘手、敏感的问题呢？通常都是因为他们自己也并不了解事情的真实情况。因此，为了不让孩子看出自己并不了解他们所讲的事情，家长常常选择闭口不谈。事实上这种做法是错误的。如果你不把你所知道的信息传达给孩子，孩子依旧会从其他地方得到这些消息，而且这些信息的真实性就更无法保障了。

阅读到这里可以给您介绍一个秘诀：知识就是力量，只有掌握了知识才能充满力量、保护自己。

避开讨论这类问题百害而无一利，因为你失去了与孩子讨论你所认识的这个世界以及树立孩子自信心的机会。另外，还失去了建立孩子安全感、向他们表达爱意的机会。

这使我想起了一个自己童年的小故事。我小时候十分喜欢滑冰，在我家乡的镇子里更是有许多的湖泊、池塘可以满足我的这个爱好。周末的下午一般都是我固定去冻湖上滑冰的时间，虽然母亲会在旁边看着我，但是她允许我跑得稍远一点，也可以离开她的视线范围，这让我充分地享受这难得的自由时间。在我很小的时候我便学会了怎样去分辨冰上安全与否，比如要远离湖中能看见水流流向的地方以及有裂缝和洞存在的地方，而且也不要靠近有亮光或者黑影的地方，一般这种地方的冰都要薄一些。虽然这些技巧是小时候母亲告诉我的，但是随着年龄的增长，我自己也学会了思考、学会了辨别。起初她总是让我待在她身边，之后我便可以做到在她看不见的地方也能保证自己的安全了。

而沟通是理解的第一步。在跟孩子讨论绑架问题的时候，父母们要平静、准确地向孩子们叙述事实，消除孩子平时从媒体、朋友那里接触到的一些负面影响。如果家长也不知道真实情况呢？不要担心，坦白地去向孩子说明，根据孩子的年龄与他一起去寻找答案。打破恐惧的最好办法就是去认清它，而传递信息的最佳途径则是深入的讨论。让孩子参与到沟通讨论过程中来，可以增强家长与孩子双方的安全感。

3

第三章

关于绑架，你知道多少

The Facts about Abduction

绑架的三种类型：

家庭成员绑架

亲友及熟人绑架

陌生人绑架

只有当您对绑架这个话题有准确理解的时候才能更好地跟孩子讨论，那么现在就从介绍三种绑架类型开始。

家庭成员绑架

关于家庭成员绑架，您需要了解以下信息：它是最常见的一种绑架类型，通常发生在父母离异的背景下，需要强调的是此种类型的绑架给孩子所带来的伤害并不比其他任何一种形式低，孩子强行被父母一方或者祖父母带走也会给孩子带来伤害，在某种程度上甚至会触犯法律。事实上我经常能听到各种关于家庭绑架的案例，其中还包括孩子的监管纷争等等，有时父母一方即使赢得了孩子的监护权也不能顺利将孩子带回家（是的，监护问题是引起家庭纷争的一个重要原因，有时甚至还会导致家庭成员绑架）。

有时候父母会被愤怒与无奈蒙蔽了双眼，认为只有自己才是真正对孩子好的一方。现在离婚已经越来越常见，而绝大多数的离婚之中都夹杂着愤怒与伤害，孩子便是其中无辜的受害者。这就是为什么现在报道的失踪的孩子绝大多数都来自离异家庭。

在我的工作中会遇到很多正在面临离婚问题的家庭，我发现只有当父母双方都把关注点放在孩子心理、身体安全上时，才不会对孩子产生额外伤害。出于保护孩子这个目的，父母双方一般都会通力合作，当然达到一致意见并不是件容易的事，需要付出很多努力。若是离婚过程本身就存在很多冲突，那么这个难度又会升高，而结果往往会不尽如人意，有时甚至还包括很多其他问题，比如说有过家庭暴力或者父母一方存在精神健康问题等等，这些因素也必须考虑进去，毫无疑问一切都提前做好准备才是正确的做法。

尽管现在法院、律师有时甚至警察、家庭服务机构等等，都会参与到棘手的离婚案件中去，但实际上大多都是在愤怒及伤害造成之后才进行干预。绝望的父母们往往都会以消极的方式继续生活，很难考虑到整件事对孩子造成的伤害。

加利福尼亚文图拉县的地区律师代表帕姆·格罗斯曼十分不客气地说道：“父母绑架是一种直接虐待儿童的形式，要知道孩子不是父母任何一方的私人财产。如果孩子遭遇较长时间的绑架，那对他所造成的心理伤害可能终生都无法痊愈。”

很多人都对家庭成员绑架这件事无法理解，对我而言有段时间也是这样。我模糊地记得，我第一次听说家庭成员绑架，也就是父母一方把孩子带走让另一方无法接触到孩子，当时别人没有用“绑架”这个词，用的是“劫持”。跟很多人一样，一直以来我印象中的“劫持者”都是“很坏的陌生人”，需要出动一大批警察。他们当然不可能是自己的父母，也不会是朋友的父母。然而正是这样的想法才会让大家对生活中最最常见的绑架形式难以理解。小时候在我居住的街道上有一个女孩“不见了”，就像在前面的章节里提到的一样，我不确定到底是发生了什么事情，但是根据当时的一些说法可能是被一个亲属带走了。

我第一次对父母绑架孩子的现象引起注意，是在墨西哥的小镇上度假期间。那天我跟一起来旅行的朋友琳达在当地快餐店吃饭，碰到了一个特别帅气的男孩和他看起来饱经沧桑的父亲。之所以一眼就能判断出这是一对父子，是因为他们同样都拥有轮廓鲜明的下巴线条以及浅棕色的头发。而且他们在人群中看起来格外地显眼，就如同三十年前罗伯特·雷德福同布拉德·皮特坐在一起一样引人注目。

男孩过来和琳达打招呼，随即问了她一堆问题，比如她从哪里来的等等，这时我看到了桌子那边的父亲脸上很明显透露出恼怒的神色。他拉了一下儿子的胳膊说：“快点，我们该走了。”我永远忘不了这一幕看起来是多么诡异。男孩最后塞了一口食物便站了起来，动作跟同龄的男生一样迅速麻利，尽管他还没有吃完。

琳达也觉得这个画面看起来怪怪的，他俩离开后我们就在窃窃讨论为什么他们的行为看起来不是很正常，后来便怀疑是我们错误判断了他们的关系，可能他们不是父子也没有血缘关系，甚至很有可能是情侣。然而在这个过程中“绑架”这个词语从来没有在我们脑海中出现。

几天之后我和琳达在超市里一张堆满各种胡椒粉的桌子后面又看到了他们俩，同时男孩也看到了我们，走过来对我们说他只有几分钟的说话时间。他说大约是四年前跟父亲一起来到这个镇子，随后他就靠走私壶到美国来赚些热钱。男孩说在离开得克萨斯之后就再也没见过自己的母亲，父亲对此给出的解释是：母亲十分愤怒所以永远不想再见到他。我问男孩他怎么确定这是事实，他笑了笑说“就算不是这样又怎样呢，反正我永远找不出真正的答案”，随后又补充道“就算这不是事实，父亲也会把它变成事实的”。

我和琳达面面相觑，随即问道“这算是他绑架了你吗”，然而还没等给出答案他就离开了。我俩又想了一下，觉得这个想法实在是有些好笑，慢慢地又聊起一个新朋友被他母亲带走的真实故事。这个故事实在是有些悲惨而且完全超出了我们能够理解的范围。之前从来都没有听说过这样的事，也不理解父母为什么绑架自己的孩子。之后我们又在墨西哥待了几周，虽再没见过但一直没忘记那个男孩，不过我们自始至终也没有向任何人提起过这件事。

现在，知道了这种事情其实经常会在生活中发生以后，我还是会很伤心，还好相关执法部门已经对此引起了足够的重视，处理手段也得到了很大的提高。事实上，父母擅自将孩子带出国是违法的。但国际绑架率的数字正在上涨，并且由于很多人不想让自己陷入麻烦，所以还有部分数据没有被体现出来。

我也曾想过是否加强相应的保障管理能减少此类事件的发生，比如说孩子的护照要求父母双方签字才可以生效。然而对于真正想把孩子带走的家长而言，他们总是会找到各种办法的。就像我在前面说过的，绝望的父母什么事情都干得出来。有时法庭也会允许父母一方带孩子出境，然而在这种情况下很多父母就不会再按照当时的判决把孩子带回国了。

另外，想要把被绑架的孩子带回国是一件很麻烦的事，要花大量的时间和耐心处理各种繁杂的事情，除此之外，还要支付大笔的律师费、开庭费甚至私人侦探费用等等。当然，幸好有海牙《国际儿童诱拐民事方面的公约》(简称“海牙公约”)这个组织为父母们带来福音，它有72个成员国以及其他62个友好国，旨在帮助诱拐儿童能够重返家中，同时无条件帮助国际儿童诱拐案件中受害儿童的父母。

而如果想要把孩子带出国却是一件很简单的事情。虽然当地执法部门会把遭遇诱拐儿童的名字与特征登记在册，但一名家长哪怕把一个很明显受到惊吓的孩子带出国，都不会引起他人特别的注意。最近一个我认识的人，特意把孩子打扮得很怪异，想试验一下周围乘客的反应。他跟九岁的儿子乘坐的是从纽约飞往洛杉矶的航班，整个过程中没有任何人上前来询问孩子的信息。所以，让孩子消失在众人面前是一件很容易的事情吗？很遗憾，答案竟然是肯定的。

所以，作为一名家长或者关心孩子的人，你会怎么做呢？

在接下来的几个章节里，我们还会讲到减少孩子遭遇绑架可能性的几点专业建议，但是这里我不得不再次强调一遍，对于孩子而言常识才是最最重要的。看到周围有人正在办理离婚的时候，不要仅将注意力放到他们无休无止的吵架上，这时候您应当多方面关注，尤其如果父母一方提出要搬到较远地方去时，要及时地提醒另一方让其拜托孩子的学校多多留意。

那么父母该如何判断是否在家庭成员之中存在潜在的危险呢？首先，得清楚一点：要想预测未来必须充分了解过去。孩子的行为举止有没有因为一方父母的暴力行为有所改变？这是不是因为前夫（妻）无法控制住自己的脾气？他是否会对孩子大发雷霆、乱扔乱摔东西？其实我们每个人都有自己的生活压力，但是您跟您的前夫（妻）是否能很好地处理这些压力？是否会让孩子成为释放压力的对象？

其次，您的关注点还应当放在多注意孩子的行为举止上面。如果您的孩子回到家后，身上出现了解释不清的伤痕，或者离婚的原因是跟家庭暴力有关，这些“历史”就应该引起您格外的注意。孩子之前是否被诱拐，或者是否有过在应该回家的时候在外面过夜的经历？孩子的安全是否真的受到过威胁？您的前夫（妻）是否拥有外国国籍或者有朋友家人定居在外国？他是否有“卖房子、辞工作、要改变”这种变化？这些可能都成为影响孩子安全的隐性因素。

如果您怀疑自己的孩子会受到前夫（妻）绑架的危险，就一定要跟孩子说清楚：除了自己来接他放学回家以外，谁都不能把他接走。要确保孩子可以完全理解这句话的意思，同时也必须让孩子做到不管什么情况都不能同前夫（妻）去任何地方，必须清楚地了解很多绑架事件都是由此开始的。除此以外，您还应当广泛收集前夫（妻）的个人信息，包括近照以及指纹、社会卡号码、护照号码等等，还要搜集其家人朋友的联系方式、社保号码、驾驶证号码、银行账号以及身份证等等，提前准备好这些信息才是明智的做法。

要确保孩子知道能够立马联系上自己的方式，如果您的孩子年纪还很小，也要确定他知道怎样使用手机与信任的人联系。要让孩子知道自己有多爱他，在一些绑架案例中犯罪人是用您生病在医院或者病死的假消息把孩子带走的，同时也要让孩子相信自己是不会突然间消失的，就算自己临时计划有变不能来接他，也会有指定的人来代替自己。

如果您有正当的理由来证明自己的前夫（妻）有绑架孩子的倾向，或者对孩子的监护有问题，您可以提出上诉要求获得孩子的“接送权”或者一段时间的照顾权，当然这些都是要确定在合法以及部门机构允许的条件下进行的。我曾经见过很多为了保护孩子闹得不可纠纷的案例，请记住不管您有多愤怒也一定要按照规章制度行事。

保持和谐、良好的关系对营造一个安全的环境十分重要，当然做到这一点并不是一件容易的事情，需要不断的努力、坚持，而且在每次想要发火的时候控制住即将脱口而出的话。离婚会带来相应的压力，所以从这一层面上来讲，保障孩子安全的难度会加大。这时，需要让所有亲友都共同努力，尽最大可能降低伤害。

亲友及熟人绑架

第二种最常见的绑架类型就是由孩子亲属认识的人所进行的绑架，这些人可能是朋友、熟人又或者是有过一两次工作合作经历的人。比如说发生在犹他州的“伊丽莎白·斯玛特案件”，这个女孩就遭遇过曾经为她的家庭工作的人的绑架。在2002年的一个晚上，这个男人闯进斯玛特和姐姐共同使用的卧室中去，不管她的激烈反对把她带到树林后强奸了她，后来经调查这个男人名叫布莱恩·米切尔。据报道布莱恩·米切尔原本为人端正、品行良好但生活窘迫需要救济，斯玛特家偶尔会雇用他做一些体力活。且米切尔看起来不像有精神问题，所以很难把这个案件与他挂上钩。

此种绑架类型的发生概率要远比家庭成员绑架率低，但包含性侵犯的比率要更高，通常这些犯罪都会有“正大光明”地接触到孩子的途径。如果您停下来仔细思考一下，就会想出一条长长的名单，包括学校教练、零工、公车司机、粉刷匠或者披萨外送员。这些人对于家长跟孩子来说都很熟悉，但实际上还没有达到“认识”的程度，然而在孩子看来这些人并不算是“陌生人”，毕竟他们经常可以看到这些人出现在自己视野范围内，或者出现在自己家中，所以对他们一般也都是持友好态度。

关于非家庭成员绑架，家长们需要注意的一点是：当孩子同别人接触的时候，一定要清楚这个人的目的是什么，很多对孩子实施性侵的人看起来也都很善良。是的，孩子在生活中碰到的绝大多数都是好人，但就像那句老格言说的那样“信任是赢得的”，这句话在这里同样适用。

经常接送孩子或者与孩子游戏的人，尤其要格外引起父母的注意。作为父母或者监护人，我们需要考虑清楚自己让这些人在孩子生活中频繁出现的原因是什么，尤其是在不了解他们的时候。我想大多数父母的答案应该都是出于需要，比如说热心接送孩子的家庭教师确实帮了繁忙的父母一个大忙。然而当父母认可甚至鼓励这种接触的机会时，应该认真地权衡其中包含的危险性有多少。

“间接看护人”知多少

- 您对这个人的背景信息和职业经历了解多少？
- 他们主动提供帮助的原因是什么？
- 他们是否有推荐信？
- 是否曾让孩子单独与他待在一起过？时间有多长？
- 扩大孩子与包括此人在内的成年人交流圈有什么好处？
- 有哪些潜在危险？
- 您对这个被允许与孩子接触的人了解多少？有没有可以更多了解他的途径？

毫无疑问，欣然答应教练提出的帮您接送孩子去锻炼，意味着您可以有更多的时间待在家里或者工作；塞进门缝的一张广告宣传单上写着：保姆可以在周五的晚上帮忙带孩子；同一条街上的优秀大学毕业生，保证孩子通过晚上的补习可以在这次数学考试中得“A”……但享受这些便利的同时，您不要忽略了这其实是将孩子置于了一个危险系数更高的环境中。而了解、接近一个人的最好方式就是问他问题，有以下几个问题可以供您选择：你曾经还为谁工作过？能给我他的联系电话吗？这段工作维持了多长时间？我怎么去查证它呢？你是怎么看待规章纪律的，是否好好遵守它？如果同我的孩子相处不愉快会怎么处理呢？

如果家长能多关注孩子可能面临的危险而不是只贪图一时便利，就能有效保障孩子的安全。比如说教练载孩子去训练的时候，车上还有别的孩子吗？家庭教师在辅导孩子功课的时候，还有其他成年人在场吗？辅导是否是在自己在家的时候进行？如果是教练单独与孩子待在一起，这段时间会持续多长？在保姆照看一晚之后，孩子有没有什么异常或者不适？对于父母来说，最重要的就是要去聆听孩子的声音，也要记住不管能给您带来多大的便利，都要对“间接看护人”格外小心。

其实我们生活中遇到的大部分人都是善良、诚实、勤奋，并且是真正关心孩子的，而且大多数人都能理解您为什么向他们询问这些问题，甚至在回答之后会觉得很轻松。多数情况下这些问题都可以迅速简单地回答出来，如果不是这样就要格外小心了。作为家长应当始终保持隐患意识，学会聪明智慧地去处理问题，做出正确的反应。

陌生人绑架

第三种绑架类型被称作非典型绑架，也是几种类型中最不常见的一种，根据司法部报道这种类型只占所有绑架事件中的1%。非典型性绑架是指与受害者家庭完全不认识的人进行的绑架行为，比如说杰西·李·杜嘉德绑架事件，就是被一个完全陌生的来自加州太浩湖的人带走，再比如亚当·沃尔什则是在佛罗里达州遭遇绑架随后被杀害的。

实行陌生人绑架的犯罪者通常都是孩子或者亲属完全不认识的人，结局往往就是孩子可能会被困一晚，又或者在未经父母允许的条件下被送到别的地方。在2010年，美国就有115个非典型性绑架事件发生。

罪犯绑架孩子的原因有很多，包括赎金、性怪癖及占有欲等等。因为此种类型绑架并不常见，所以会引起媒体的高度关注，但通常还是没有很圆满的结果。这些非典型绑架事件的发生，促使了美国走失及被拐卖儿童委员会的成立，这个委员会成立的直接原因就是1981年亚当·沃尔什绑架谋杀案。在过去的几年内，能够从非典型性绑架中逃脱出来的孩子数量在逐渐升高，这得益于伊丽莎白的“RAD儿童项目”，项目主要目的是帮助孩子学会自卫以及紧急时候该如何逃脱。

那么，您该如何面对来自一个陌生人突如其来的威胁呢？尽管无法从根本上消除非典型性绑架的存在，但您可以按照一些简单的小方法去做，进而在最大程度上降低发生的可能性，并且在孩子遇到危险时第一时间做出正确的反应。

对于初学者来说，您可能觉得自己的孩子已经从各类媒体上看到了反复报道的绑架新闻，或许已经同朋友讨论过这个问题，最后自然会提高对陌生人绑架的警觉性。事实上，孩子们因为新闻报道的局限，对绑架尤其是非典型性绑架的认识都不准确。

很多情况下，恐惧很容易让我们变得畏手畏脚，对孩子们而言（大人也同样）很容易就被自己不理解的事情吓到。所以家长一定要让您的孩子熟悉绑架的几种类型，尤其是第三种。养成快速对熟人做综合评估的习惯，有助于在一个全新甚至气氛尴尬的环境中更快地熟悉陌生人。家长一定要知道，陌生人绑架的概率其实是很低的，但即使是这样也要对它形成全面的认识，这样才能更深入地讨论这个话题，请记住增加认识与意识才是营造更加安全的环境的第一步。

现在，您已经对绑架有了一个初步的了解，并且获得了一些知识来避免绑架的发生。在讨论这个话题时，安全和给予孩子能力这两点应该牢记在心。并且请记住，知识就是力量。给孩子讲解相关的知识、普及相关信息，才是真正地保护他们的安全，从更深远的意义上来说，这也是帮助孩子们学会如何应对人生路上的复杂情况的第一步。

4

第四章

永远不要让陌生人接送孩子

Never Send a Stranger

怎样在最大程度上减少绑架发生的可能性：

教给孩子“基本安全规则”

不要让陌生人接送孩子

提高意识

制订计划

我们的生活每天都在被各类新闻充斥着，在这个信息爆炸的时代，新闻快速更新，人们对信息的需求量也相应提高，因此在大多数情况下我们都只是快速浏览重大事件的标题，没有去仔细阅读整篇文章。每天都有新奇的事情在各个大城小镇里发生着，不可能每件事都能吸引我们的注意力，通常只有事态最恶劣、后果最严重的事件才会让我们持续关注，所以在这样的环境下我们自然开始为孩子的安全问题担忧。

如今已经有很多强调安全问题的项目出现。在学校里老师也会在课堂上给孩子们讲解安全问题，给他们制定安全守则，比如说未经允许不得离开学校，若要离开必须清楚说明原因。学校在校园里安排了安全保障人员，在每个角落里安装了摄像头。老师、家长以及关心孩子的人们共同给孩子们营造了一个安全的环境，告诉他们不许接触烟草、不准喝酒、不准开车、不要同陌生人讲话、过马路时要看两边等基本的安全条例。

我很清楚家长的心理是怎样的。出于对孩子安全问题的担心，您恨不得把自己知道的全部知识都告诉他，让他能远离伤害，所以制定很多条款规则让孩子按照这些去做。通常我是很支持制定规则、列出清单以及行动计划等等，但这里需要提出以下几个问题：您的孩子擅长沟通吗？知道如何为他人设定界限吗？学会怎样去分析当前局势然后妥当处理了吗？当然这些规则可以提高安全系数，但更重要的是要让他们学会自己思考，学会与他人沟通。而家长真正应该做的是帮助孩子去学习"深入思考"的技巧、掌握分析局势做出正确判断的能力，这样才能让孩子从根本上学会保护自己的技能。

哪些是基本安全常识

现在我们就来讨论一下最基本的安全常识都包括哪些。或许您在这方面已经了解学习了很多，比如对于年纪很小的孩子一定要让他记住自己的全名、家庭地址和电话号码。事实上很多孩子连父母的名字是什么都不知道，他们只知道一个是"妈妈"一个是"爸爸"。很多家长也都会细心地在车子启动之前给孩子系好安全带，当然对于更小的孩子，在车上准备一个儿童安全座椅也是十分必要的。

同时不允许孩子在车子的旁边玩任何游戏，不能在没有大人陪同的情况下靠近不认识的小狗，过马路前要看两边，人多的时候要紧紧握住父母的手。以上这些安全规则应用在每天的日常生活之中。您也应根据自己居住的地方、孩子的成长环境、家长的经验为自己的孩子制定额外的安全守则。无论您从自己生长的街道上获得了属于自己的“街头智慧”，还是从儿时的草原记忆之中学会了很多关于使用农场机器的安全守则，又或者是在安全到“没有事故发生”的郊外长大，以下的这几条，都是为了帮助您让孩子把安全规则融入到日常生活之中：

- 列出一个您和孩子可以信任的人的名单，在每个人的名字后面写上他们的联系方式（包括白天跟夜晚的联系号码），也尽量在旁贴上他们的照片。这些人就是您跟孩子的紧急联络人，在需要帮助的时候这些人就能出现。同时要复印一份这个名单放到孩子可以拿得到的地方，一定要确认孩子是否知道放置的位置。

- 让孩子承诺（口头承诺，对于稍大的孩子可以选择手写的方式）在没经过自己或者其他监护人同意的情况下不准擅自去任何地方、不能随便帮助别人、不能接受别人给的东西，也不能上别人的车。（多次）告诫孩子一定要做到这些，就算知道这些可能会让他们抓狂，也一定要让他们这样做。这个规则在孩子进入到青春期阶段以后也同样受用。如果您想拟写一份纸质协议，可以参考“孩子安全智囊”这一部分。

- 告诉孩子不准单独出行，如果要出去必须是跟朋友一起

（如果是很多朋友就更好了）。随着孩子逐渐长大，这一规则可以适当根据情况放松，但是要让孩子知道结伴出行总是会更安全的。

● 告诉孩子如果不喜欢别人的某些行为或者这些行为让自己感到不舒服，一定要学会拒绝。这一条很有趣，因为很小的孩子对于任何自己不喜欢的东西都会直接拒绝的，比如说蔬菜。要让孩子知道人与人之间是存在差异的。

有一个我认识的孩子在下午放学以后参加了游泳班。这个游泳老师的哲学观点就是孩子们只有在吃过苦之后才会成功，所以他就要求孩子们从泳池的一边游到另一边。当这个孩子表达了自己的反对意见之后，这个老师就开始训斥他："你不练习就永远学不会游泳！""不，不是的。"孩子反驳道。老师继续说道："你如果一直都是这种态度，就会一事无成！"孩子回应道："不，就是因为我不会游泳才来上课的。"

这时这个老师才意识到其实这个孩子不是故意跟自己唱反调，他确实没法做到从一边游到另一边。简而言之，当孩子感到不适、被恐吓以及要求去做些自己不喜欢的事情时（尤其当要求者还不在信任者名单上的时候），一定要学会拒绝，同时要让孩子了解这种拒绝并不是刻薄、无理的表现。这是一种让孩子保障自己权益的方式。这里还需要提到的一点，如果父母自己善于设定界限，那么孩子也能从你们身上更好地学到这一点。可以试想一下，下次他被自己的姐姐打了时，会怎么做。

● 告诉孩子如果有让自己不舒服、不高兴或者感到害怕的情况发生时，就联系名单上的人。并且向他解释，这样做的目的是帮助他弄明白正在发生的这个事情到底是怎么回事，从而防止此事不再发生。这一规则的实施重点是要多多鼓励孩子就这个事情与你交流。

● 告诉孩子不要轻易相信陌生人说的话，要学会独立思考，当然到孩子真正学会独立思考之前还有很长的路要走。还记得那句古话“如果别人都跳进悬崖，你也会跟着跳吗？”当别人一直说服你的孩子去做自己不确定的事情的时候，你难道不想让孩子先来征询你的意见吗？随着孩子慢慢长大，他们可以越来越自信地去处理各种情况，但是这份自信是来自家长从小对孩子的鼓励，鼓励他们去自己思考，还有不断地实践、实践、再实践。

● 承诺孩子不论任何时候你都会接听他们的电话，不管是白天还是深夜，只要他们对周围发生的事情不那么肯定或者感觉到不安全，都可以随时打电话给你。同时您也需要向孩子承诺，当他们在外面觉得不舒服需要你去接他时，你绝对不会生气。哪怕最后了解了全部事实，证明这是虚惊一场，你也绝对不会冲他们发火。而且你还可以利用这个机会，给孩子详细分析，他在此事的哪个方面的判断有了偏差，这样就能进一步加强他的判断力。同时也可以再跟孩子讲一遍你小时候交到的第一个朋友，中学的时候睡过头、青春期参加的一些聚会和做过的一些实验等故事。作为父母，您一定要让孩子知道不管发生了什么事情，你都会在旁边守护他的。

绝不让陌生人接送孩子

看到这个标题，或许您认为做到这一点几乎没有任何难度。然而如今的生活节奏太快，工作日程繁忙又会有各种家庭情况出现，做到的难度可能要远比您想象的大得多。即使您能够做到在99%的情况下都是自己去接送孩子，这也不能算作“完全做到”。生活永远在按自己的方式发球，如果刚好有意外情况发生呢？如果您实在没法自己过去接孩子呢？或者如果您的孩子已经大到可以自己和新朋友在放学后一起回家了呢？

这些情况下还能按照这个规则去做吗？因此，您需要对孩子清楚地说明不管怎样你都不会让陌生人去接送他的，同时要让孩子理解这个“陌生人”的定义（记住，很多孩子都把陌生人等同于“坏人”，而坏人的标志就是有一张丑恶的嘴脸，会不露牙齿邪恶地笑着）。这样，您所指定的安全守则才会真正奏效。您甚至可以根据年龄为不同的孩子制订不同的规则，同时可以准备一个您和孩子一致协商同意后的备用计划。

您所处的生活环境越是复杂，制订备用计划的必要性就越高。也许您现在正陷入离婚的麻烦中，自己或者孩子的安全受到了威胁，又或许您和另一半都是工作非常繁忙的人，我无法获知您具体的生活状态是什么样的，但是我知道为生活做好计划总归不是一件坏事，面对生活的变幻莫测提早准备好紧急计划是再好不过的了。

我一个朋友的大儿子曾经丢失过一段时间，所以她以此为教训跟小儿子定了一个暗语，告诉他如果没有这个暗语谁都不能把他接走。同时这个朋友在儿子学校的紧急联系卡上写道：无论在什么情况下只要说不出这个暗语，任何人都不能接孩子走。换句话说，接孩子走的人必须要说出这个暗语才行，而通常只有直系亲属说得出来。我的几个同事因为不清楚学校对来接送孩子的人的警惕意识有多高，都还曾经特意拜托别人做实验，看能不能把孩子接走。

在这场实验中，“实验人”竟然两次都成功把孩子从学校里接走了。当然这个孩子还在上幼儿园，让他记住暗语之类的约定对他来说有一定困难。整个过程，孩子的母亲一直都在旁边观察，看孩子被别人带回家的反应。还好因为这两次经验教训，学校提高了警惕，同样的事情再也没有发生过第三次。有一天朋友的前夫来到孩子的学校，想要把孩子接回“家”。老师看了一下孩子的联络卡然后问了孩子父亲上面的问题。这位父亲对这个测试一无所知也回答不出上面的问题。虽然他有些恼火，但学校还是出于安全考量没有让他把孩子带走。

家长们也应该让学校了解法院对学校渎职的判决结果，也要让学校知道可能会发生的潜在问题，这样才能更好地保障您孩子的安全。我另外一个朋友的儿子跟一个名人的孩子在同一所学校里，本身这件事跟他儿子并没有什么关系，但是有一天孩子跟他父亲提到自己在马路上看到拿着相机的人。后来知道这个人是狗仔，但他没有拍这个名人的孩子而是拍了很多其他孩子的照片。没有人知道他为什么要这样做，但多亏了朋友儿子的警觉性且愿意跟父母交流，这个人后来被强令制止了。

保持警惕，并且制定安全守则

家长需要高度注意出现在包括背包、外套、车、运动鞋、午餐盒以及其他私人物品上的所有名字，包括孩子、学校跟野营团的名字。在加利福尼亚，我们曾经见过有人是把包括宠物在内的所有家庭成员的名字，做成一个小小的卡通贴纸，贴到车后面的玻璃上。这简直跟推销员的“迈出第一步”类似，潜在罪犯可能会利用这些名字以及其他一些私人信息，轻易地打开对话。

我姐姐有一个护士朋友，之前很虚荣地把自己的名字“SaraJRN”写到了车牌照上，同时牌照上还有她工作的医院的名称。有一天晚上她刚要进车里去时，听见一个男人在喊“萨拉，萨拉等一下”，然后这个男人就冲到副驾驶门旁边，表现得跟她很熟一样。因为天色太晚视线也很模糊，所以萨拉也不确定是否认识，但也不想态度太恶劣，就立马果断地把车门锁上驱车离开了。后来人们发现附近有好几辆挂有名字的车都被撬甚至洗劫了。要知道，暴露信息的同时，也意味着给犯罪者提供了机会，因此要格外小心。

虽然家长没有必要阻止孩子穿校服、团队外套或者戴团体帽子，但一定要跟他们说清楚，陌生人是很容易根据这些信息装作同你很熟的样子，自然地打开对话。比如说看见穿一个穿校服的小学生或者中学生走上前自然地说一句“嗨！我儿子也在你们学校读书”，这样对话就自然地开始了，尽管孩子可能也弄不清楚是什么情况，但他一般还是会给予回应——一个有些迷惑的回应，但毕竟也是一个回应，而且很可能交谈就因此而继续下去。所以作为家长，一定要帮助孩子理解，他的衣服可能会泄露自己哪些信息，而且要提醒他，不要小看了这些信息，陌生人很有可能因此就挖掘出你更多的隐私。毕竟，当你穿着这样的衣服走在路上，就相当于把这些信息向全世界公开了。

以上所有的案例都是为了帮助您的孩子提高安全忧患意识，如果让其他成年人（比如学校老师或者营队辅导员）也意识到这一点就再好不过了。通常情况下，进行安全问题的讨论是提高意识的第一步。家长们应当制定孩子可以完全理解的安全规则，因为很多时候孩子接收到的内容会与家长设想的完全不同。

基本安全守则

- 列出您跟孩子信任的人的名单，把电话号码放到孩子可以拿得到的地方。
- 告诉孩子不要单独出行，未经过你的允许不准出门。
- 告诉孩子如果别人的行为已经让自己感到不舒服，要学会拒绝。
- 告诉孩子如果有情况发生要马上联系名单上的人。
- 提醒孩子不要随便相信别人说的话。
- 承诺孩子不管任何时间，只要他觉得所处情况不安全都可以立刻给自己打电话，你会去帮助他的。
- 告诉孩子你爱他，很爱他。

当您的孩子想要找人聊天、需要别人帮助或者遇到紧急情况的时候，可以联系谁呢？当孩子陷入困境的时候，谁又会去帮助他呢？如果情况紧急，除了自己还有谁可以去接孩子放学？您的孩子有这些人的电话号码吗？有些时候生活并不如我们想象的一帆风顺，已经发生的事情我们无力改变，也没有办法改变周遭的环境。但是，我们可以通过自己的行动，让孩子的环境变得越来越安全，给孩子创造一个安全又快乐的童年。

5

第五章

你是哪种类型的父母？

Parents: Know Yourself

父母的言行举止都会对孩子产生潜移默化的影响，因此：

父母需要重新认识自己的世界观

了解孩子们能接收到的信息

在此基础上再来讨论安全问题

谈论到安全问题的时候，您认为自己是哪种类型的家长呢？是否笼罩在孩子会被拐走的恐惧之中？我认识的一个妈妈因为整日担心自己的孩子可能遭遇绑架，每天都让孩子穿一模一样的衣服，这样当他真的遭绑架时便于跟警察描述（当听到这个故事时，我必须承认，有那么一秒钟，我甚至也怀疑自己没这么做是不是对孩子的安全问题太不上心了）。又或者您是截然相反的类型，您坚信拥有一个“单纯完整”的童年是孩子应有的权利，孩子不应该被家长无谓的担心所笼罩。

给孩子“单纯”的童年？

在我之前的住处附近，沿着街区往下走，有一座房子，那儿每天都有两个孩子在无大人监管的情况下在院子前玩耍。这两个孩子看上去大概一个六岁，一个八岁。一天下午，我正推着婴儿车从她们家门前路过，远远看见一个男人从车里探出头来跟这两个孩子说话，我走近一点后听见他正在问她们的名字。听到这个问题，我赶紧快步走上前去跟两个孩子说话，以打断他们之间的对话。这两个孩子可能是多次看到过我推着婴儿车在这条路上走，而且看起来又友善，就开始问我与婴儿有关的问题，随后又开始逗我坐在婴儿车里的女儿玩。奇怪的是，那个车里的男人并没有等我们聊完打个招呼，也没有问我任何问题，便直接开车离开了。

看到这一场景之后，我开始对放任孩子自己在外玩耍担心起来。但我转念一想，这也正好是一个契机，我觉得我必须把这件事告诉孩子的母亲。

我过去按响了这家的门铃，在等候了几分钟之后门打开了，孩子的母亲跟我解释刚才她正在后花园里。进门后，我发现这个装修得非常漂亮的房子无处不在宣示着家里孩子的存在。起居室的角落里堆放着木头玩具，咖啡桌的四个角上都安了防撞条。我走过去问孩子的母亲是否可以单独聊几分钟，听到这话她的表情严肃起来，让孩子们先去厨房里玩。我把刚刚在她家门前发生的事情复述给她听，她听后很惊讶，并且对我表达了感谢。但是当我转身离开，走到门厅处时，她叫住了我，告诉我说，经过慎重的考虑后，她还是决定让孩子们生活在没有恐惧的环境中。尽管很感激我的关心，她还是会继续让孩子们自己在家门前玩，因为这种担心在她看来是没有必要的。她补充说，孩子们的学校特别看重每一个孩子在没有家长监管的情况下自己探索世界的权利。

最后，她责备我不应该在没有任何实质性证据的情况下对那个男人产生怀疑。

曾想过是否应该展开一个对话，从正反两方面来讨论关于这位母亲教育孩子的方式，但这是十七年前的事了，那时我还不能给出专业指导意见。不得不承认，据我所知，她的孩子们确实继续自己在家门前玩耍，而且在整个成长的过程中并没有遇到什么危险。但是，尽管我并不赞成让孩子每天穿同样衣服的做法（尤其是当孩子渐渐长大之后——如果你实在不放心，可以每天早上用智能手机给孩子拍一张照片），在我看来这位邻居母亲的做法仍然有明显的不足，我希望她可以更清楚地认识到，她的做法也给孩子的安全带来了隐患。

客观地自我评估

我们旨在希望随着孩子们逐渐长大，可以更好地认识到哪些判断、常识与行为可以帮助他们来更安全地探索世界。若想真正实现这个目标，我们得先问自己以下几个问题：

- 谈到安全问题的时候，您给孩子传达了什么样的信息，塑造了一个什么样的“世界形象”？
- 当孩子们遇到危险的时候，您是在一味地保护他们，还是鼓励他们以更宽阔的视角去认识当前发生的事情？
- 您是否经常鼓励他们要多问问题并且自己做判断？或者

您是否直截了当地指出他们的不当行为，然后让他按照您的意见去做？

谈到酒后驾驶问题的时候，我都会直接告诉孩子们我所知道的每一个酒后驾驶酿成的悲剧，这样他们才不会去犯这个错误。还有一个更重要的问题：是给孩子造成坏事不会发生在自己身上的错觉好一些，还是让他们提高警觉性更好一些？

父母类型小测试

从A、B、C三个选项中选出答案，并且计算出累计的选项数量。

1. 在杂志封面上看到一个孩子在排队结账时被绑架的画面，您的孩子也看到了并且就此问了你一个问题，这时你会：

A. 指着杂志上的画面跟孩子解释说：这都是因为在公共场合不握住爸爸妈妈的手才发生的。

B. 告诉她你也不知道这是怎么回事，并且试图分散她的注意力。

C. 回答她的问题，并且询问她是怎么看的。

2. 半夜手机把你吵醒了，是孩子打电话让你把喝醉了的她接回去。你会：

A. 对她未满法定年龄就开始喝酒的行为勃然大怒，表达对她这种反叛行为的不满。接到后立马给她讲你的大学室友死于酒精过量的故事，让她记住喝酒的危险性。

B. 立刻赶过去接孩子回家，你很支持孩子这类可以结交朋友的活动，也很欣慰她是个有理智的孩子——知道在大醉之前让你接她回家，并且在回家的路上与她分享自己年轻时候的疯狂故事。

C. 立刻赶过去接孩子回家。对于孩子能按照之前告诉她的那样，在大醉之前给自己打电话的举动感到很满意。并且在第二天早上找机会和她聊聊喝酒这件事，让她知道为什么喝酒是不被赞许的。

3. 外面正在下着大雪，你六岁的孩子却不愿意穿厚外套出门，这时你会：

A. 命令他穿上衣服并且告诉他不这样做就会得肺炎。

B. 以允许他打雪仗作为交换条件让他穿上。

C. 询问他的想法，告诉他为什么应该穿上厚外套。如果他仍然拒绝穿，就让他直接出门，把外套随身带着以防万一。

4. 十五岁的女儿打算放弃练习多年又很擅长的运动，而你则希望她能够借此获得大学的奖学金，这时你会：

A. 告诉她“半途而废者永无胜利”，如果她放弃会同时毁掉她自己跟你的人生。

B. 她可以在对将来没有任何打算的情况下毫不犹豫地放弃这项运动，你会来负责卖掉之前买给她的昂贵器材。

C. 跟女儿讨论她对于未来人生的打算，她的目标跟梦想是什么，是什么促使她放弃这项热爱了多年的运动，并且直接告诉她如果她放弃对她申请大学奖学金跟未来的人生有什么样的影响。

5. 十岁的儿子觉得自己好像已经通晓人生了。有一天他在没有告诉你或者任何人的情况下自己从学校走回家了。因为找不到他你急得发狂甚至报了警，最后当他回到家的时候你会：

A. 告诉他从前的生活方式已经结束了，从现在开始他不会得到一分钟的自由，并且警告他绑架甚至谋杀儿童的悲剧每天都在发生（即使事实并不是这样的）。

B. 告诉他他现在已经是一个大男孩了，从现在开始应该自己去做出判断和决定。

C. 告诉他你在不知道他在哪里的情况下会很担心，给他讲解一些基本的安全常识，并且告诉他你很爱他也会一直支持他，但是因为你是家长所以应该了解他在哪里以及他的安全状况，这个谈话要依据孩子的反应来判断应该以警告的语气还是命令的语气，并且安排一天让孩子自己跟同伴一起回家。

参考答案：

大多选项为A：火暴型父母

出于保障孩子安全的考虑，你会强制性灌输给孩子什么是对他最好的。你无法忍受孩子不按照你的意愿来做，对他一再的询问也很不耐烦。每当谈到安全问题的时候，你不会选择用交谈的方式，通常会直接告诉孩子最坏的下场是什么，以此来吓唬他。或许这种“简单粗暴”的方式并没有什么不好，不给孩子自己成长的空间跟犯错误的机会，但长大后他们就会不擅长做出正确的决定跟判断。如果以另一种方式耐心地回答孩子们的问题，并且引导着他们去了解周围的世界，当他们觉得自己处于不安全的环境时，才会更加自然地向周围人或者警察寻求帮助。

大多选项为B：乐观型父母

你希望能够保障孩子的安全，但是更害怕过多的担心会让孩子变得“缩手缩脚”起来。如果有安全问题的新闻出现，你通常会选择关掉电视或者把报纸藏起来。你认为你的孩子没有必要知道这些绑架跟虐待儿童的事件，因为这些事永远不会发生在他身上。你相信自己的孩子会自己做出判断，所以给他充分的自由跟空间去做自己想做的事情。让孩子在没有过多的恐惧下长大并且学会自己判断，是我们的目标，回避这些话题并不能更好地保障他们的安全。一味地隐藏世界的黑暗面，只会妨碍孩子对这个世界有正确的理解。

大多选项为C：公平型父母

你会同时对孩子们强调安全跟消除恐惧感的重要性。你会判断孩子是否有能力去自己做决定，并且给予他们在安全的条件下犯一些小错误的空间。你认为给孩子更多的自由并且告诉他们该掌握怎样的“度”更加有利于他们做出明智的选择和保障自己的安全。并且认为跟孩子以平等、交心的方式来讨论周围的世界，能促使他们面对危险时从容、冷静应对。祝贺你！在教导孩子安全问题方面，你的方法是十分正确的，并且给他们树立了正面的榜样。

找到折中的方法

当然，不管哪种极端的做法都是不正确的。想要找到自己跟孩子的中间立场，首先要做的就是找出适合的方式以及正确地认识自己的世界观。但是要记住这一点：你的世界观同样会影响到孩子的世界观以及平常的行为举止，而这些又会对孩子以安全的方式来探索世界产生影响。

家长应当对孩子所接收到的信息保持警觉性，尤其是从自己或者其他监护人那里接收到的信息。如果你对人生持消极的态度，你的孩子也许就会用同样的方式来看待世界。就像小脏猫的气味会散漫整个房间一样，你的消极、绝望的情绪同样也会影响到其他家庭成员。而且就像一直待在家里的人闻不到家里的味道一样，这样的情绪会在不知不觉中蔓延到很多人身上，而外面的人一进来就能闻到这刺鼻的气味。所以，你需要好好地审视一下自己，你究竟是乐观主义者还是悲观主义者？平时是会戴着怀疑的有色眼镜去看人还是毫不犹豫地给予他人帮助？是积极还是消极地看待人生中的种种可能？这些又与安全问题有着什么样的联系？单独地来讨论安全问题是不够的，对这些问题的思考才是进行深入讨论的开端。总的来讲，家长自身是如何看待安全问题的，这在孩子的安全教育中是一个十分重要的环节。

仔细回想一下自己的成长过程就会发现，其实很多我们后来坚信的想法在童年时代就已经形成了，这当然在很大程度上是受到了我们父母的影响。我的一个客户曾经花了好几个小时来讲述她作为一名芭蕾舞演员是如何的失败，她说母亲总是对她说只要她努力认真练习，就会成为一名出色的舞者。而事实上，她并没有像她母亲预言的那样成功。随着时间的流逝，她开始逐渐意识到这并不是自己真正的梦想，她真正想做的是成为一名兽医。这位客户花了好几年的时间才改变了自己消极的态度，分清了母亲的期望与自己真正的梦想，这个过程就像我们总是要用很长的时间来克服我们自身存在的恐惧与自我否定一样。

从反面来看，过分积极的态度跟不切实际的幻想同样也会滋生挫败与失望感。虽然绝大多数人心向善，但这并不能代表全部，就像不是所有困境都会化险为夷、迎刃而解。在被过分保护跟不接“地气”环境下成长的孩子，长大后通常不知道怎样去体会别人的感受。这些孩子多数只会考虑到自己的感受，不能听取他人与自己不同的想法；只想从别人那里听到褒奖与赞赏，不知道怎样面对有起有伏的人生，也不知道怎么做出正确的决定；他们很容易成为“暴君”，只顾自己而不关心和理解他人，固执己见，不能接受人生突如其来的变故。这样的孩子又怎么能学会理性地自我思考呢？

我见过很多像“小皇帝”一样长大的孩子，家长打点好一切，什么都不用操心。他们也没有经历过什么挫折，没有尝过失败的滋味，指望着生活就这样一帆风顺下去。而有则老谚语说得好，“没有遇到过困难的孩子，就不会克服困难”，这句话现在看来也是十分有道理的。

也有如果事情不按照自己的想法走就会“崩溃”的孩子。我见过很多孩子因为没有进入自己理想的大学就承受不了这个打击。还有刚进入职场的孩子，突然失去了父母的引导就会不知所措。年轻人通常会被要求做一些自己并不想做的事情，但是，他们在意识里可能有自己的计划（比如每一次上班迟到，原因都是“我太忙了”）。这些孩子没有足够的能力来应对生活的困境与不如意，而家长们应该做的就是在他们真正独立展开自己的人生之前，一遍一遍地教导他们。

在成长过程中，孩子能够意识到父母的想法与自己的想法不一致时便是一个十分重要的分水岭。一个不喜欢吃菠菜的孩子开始意识到自己的妈妈很喜欢吃菠菜，这就是一个惊人的进步。突然之间孩子就会意识到自己是一个独立的个体，有着与爸爸妈妈不同的想法。当孩子认识到这一点的时候，他便可以开启自己的人生——独立思考、理性判断。而这恰恰是孩子安全教育问题上不可缺少的一个步骤。

这里提到的理性思考是指孩子可以在面对不同情况的时候，自己权衡、判断，在深思熟虑之后做出理性的决定。年纪尚小的孩子还无法做到这些，在五岁的孩子眼里就是自己讨厌吃菠菜所以其他人也不能喜欢吃。然而随着孩子长大，你会渐渐地发现他已经有着跟你不同的观点和态度了（有时候这些甚至会让你恼羞成怒）。家长要多多鼓励孩子，要更加耐心地教导他们怎样做出正确的判断而不是仅仅告诉他们答案。家长培养孩子理性思考的态度与方式对于树立孩子的自信心以及理性的自我评价有着深远的影响，决定了他们以后是否能够做出明智又安全的选择。

如何应对轰炸机般的信息

正如前文中所提到的，父母及监护人必须意识到自己只是孩子信息来源的一部分。与此同时家长也需要注意媒体对孩子生活的影响。

有些家长以为可以让自己的孩子与外面世界所发生的事情隔绝，但是最终他们将无比惊讶地发现孩子竟然知道那么多信息。我认识的一个家庭，父母对孩子封锁了纽约世贸大楼遭攻击的事情，他们家里没有电视但依旧小心翼翼从来不在家中讨论这则纽约的“恐怖新闻”。一天下午，有架飞机飞过他们的房屋上空，孩子就问飞机上是好人还是坏人，这可明显看出孩子之前从别的地方听说过飞机恐怖事件，这时孩子的父母才认识到应当与孩子进行认真的讨论这些之前他道听途说、一知半解的事情了，必须帮他厘清思绪。对于孩子能够接收到的信息家长又了解多少？他们从哪些来源中得到的这些消息？家长们要多多留意家中新闻及汽车广播上的消息，对于孩子所处的信息环境要有清晰的认识。

很多年前我曾经遇到过一个遭受严重抑郁症困扰的女性。她说自己入睡十分困难，在睡着之后还会持续做噩梦，后来发现如果在上床之前两小时关闭电视就可以解决这个问题。因为每晚睡觉前看的新闻一直在脑海里浮现，这些新闻让她焦虑且没有安全感。而且，她六岁的孩子也被她的恐惧所感染。

当我七岁大的侄女告诉我她想去“男子俱乐部”的时候我简直震惊了，据她所说这个俱乐部就在她家附近。了解之后才发现在她每天去上学的路上都会看见一个特别扎眼的广告牌，上面画着一个红唇女郎，红色的大字写着“仅限男性”。事实上，这个俱乐部根本不在侄女家附近。之后我就用最简单易懂的术语同她讨论了这件事，帮助她去理解所看到的信息，也为更深一步的谈话奠定了基础。

始终要记住，对话是两个人的交流。父母们本身要愿意去和孩子沟通，去聆听他们的声音，同时也要思考自己对于绑架这件事的认知是否正确。我的一个心理学家朋友对我讲过，她曾经试图同丈夫及11岁的儿子讨论绑架，然而在对话还没有结束的时候丈夫就离开了房间，因为他根本无法面对自己的孩子可能也会遭遇绑架这种想法，这让他害怕所以他便选择逃避。

然而，当这个男孩提到最近新闻里爆出的绑架新闻的时候，父亲开始认识到自己之前的做法是不对的，最起码应当坐在那里了解这些孩子可能面对的危险。然后我这位很聪明的朋友就告诉丈夫，这些危险并不太可能发生在他们自己的孩子身上。从此以后，孩子的父亲便可以比较轻松地讨论安全及绑架这类话题了，也不再将这些场景逐一假设在自己孩子身上。朋友以后再与孩子对话给他普及安全知识的时候，孩子的父亲也可以很好地参与其中了。

家长们不要自欺欺人，以为孩子什么都不知道，事实上，孩子对自己能够接收到的信息格外敏感，并且儿童绑架这样的话题给他们带来的影响与不适感比成年人严重得多。即使是年纪很小的孩子，也清楚地知道这些绑架事件是发生在自己同龄人身上。家长可能并不了解孩子的担心，因为很多人就像这位朋友的丈夫一样难以启齿讨论这个话题。孩子在玩游戏的时候会有怪物的角色出现，这实际上就是他们恐惧心理的一种表现。稍大的孩子可能会对你说他们其实都完全了解，但实际上如果你继续讨论他们还是会听的。绑架者大多都是孩子家长认识或者听说过的人，所以家长一定要与孩子认真讨论这个问题，要防患于未然，而不是把这个问题推给学校。

另外家长们要注意的一点是自己的世界观会影响孩子的世界观，自己的想法会影响孩子的行为举止。随着孩子的成长，与孩子聊天的话题会变，在这个过程中家长也会越来越擅长聆听孩子的声音，但不管怎样交流不要停止。

6

第六章

用游戏培养“机灵鬼”

“Be a Lert. The world needs more Lerts”

您通过这些途径可以帮助孩子提高隐患意识：

以游戏的方式来提高意识

养成在晚餐、驾车、游戏时沟通的习惯

也许阅读到这里，您已经发现我所擅长的领域是如何让孩子学会辩证思考，让他们学会面对不同的情况做出相应的选择。尽管安全问题是一个十分严肃的话题，但是让孩子养成安全意识的最佳途径之一则是通过游戏。为什么呢？因为在游戏的过程中可以增进交流，而交流又是学会对周围环境提高警觉性的主要方式。在这一章节里我们会推荐一些可以让孩子提高安全意识、学会理性思考的小游戏。

当然，所有游戏的进行都是以良好的沟通为开端的。好的交流是一个同对方有效沟通的过程，包括听、说两个方面，而这两个方面都是需要不断地花时间和精力来慢慢培养的。作为家长，您要养成定期与孩子沟通的习惯。事实上，您可以用一些有趣的问题开始这个对话，比如说找第三者来充当“调解人”或者发问人。如果没法做到每天与孩子共进晚餐也没有关系，可以利用其他的时间来做游戏，但重点是一定要做，哪怕一周只有一两次也要坚持下去。

“做个机灵鬼，这个世界需要更多的机灵鬼”

此类游戏中我最喜欢的便是同孩子们玩扮机灵鬼的游戏。机灵鬼显然不是现实中真实存在的，这个游戏的目的是让孩子们有“警觉”的意识，在家中通过这样有趣的方式来进行既可以达到这样的目的又可以活跃气氛。在与一些家庭和青少年客户的交流过程中，我发现很多游戏，包括我们大家都很熟悉的游戏，都会起到让孩子们（甚至是成年人）提高警觉性的目的。

画出心中的机灵鬼

首先，询问孩子心中的小机灵是长什么样子的。曾经有一位母亲帮助自己的孩子把小机灵鬼画成了一个浑身都是小绒毛的毛毛虫。您可以鼓励孩子去大胆想象，设想机灵鬼们有着大大的眼睛，或者有很多眼睛，甚至还可能有长在脑袋后面的眼睛。而游戏的最终目的是要让孩子知道小机灵鬼们总是在观察着四周，对周围的人和事物都有所警觉。同时还可以告诉孩子机灵鬼们喜欢聊天，很喜欢与小伙伴分享自己的所见所闻、一起交流，而不会自己擅自做出判断。在游戏中要尽量突出一切可以帮助孩子提高安全意识的条件。另外一定要记住，要鼓励孩子描述出他的想法和故事，家长要认真有耐心地听完孩子的表述，尽量让过程变得有趣起来。这个游戏需要反复进行，而不是在某个周六玩过一次之后就没有下文了。

其实与任何年龄段的孩子讨论绑架这个话题都不是一件轻松的事，如果话题内容太过沉重、惊悚，孩子们就会产生抵触的心理，我们还是应该让年龄尚小的孩子们认识到这个世界其实相对来说是安全而又美好的，与此同时也还必须让孩子学会提高警觉意识。曾经有一个客户跟我讲了一个关于她小女儿的故事。通常女儿在家门前的车站等公交车时，这位母亲可以透过厨房窗户看到女儿的情况，尽管可能无法看清整条街。有一天女儿出门后又重新回到家里，走到厨房告诉母亲停在路边的那辆蓝色汽车里一直坐着一个人。孩子说这辆车已经停在那里一个星期了，而且表达了不想再自己一个人在那儿等公交车的想法。母亲听后便自己开车将女儿送到学校，同时向当地警察反映了这个情况。第二天早上警察赶过来发现那位男性依旧待在车里，他给出的解释是自己在睡觉，然而从那天以后再也没有人见过他。

或许他是真的在睡觉，但是事实究竟是什么样的，又有谁知道呢？这件事发生在1973年，那时执法部门之间的沟通远没有达到今天的顺畅，媒体也没有实现全面覆盖，无法像现在一样将绑架事件作为全国性新闻报道出来。若当时有懂法律的人去深入调查这件事，说不定就会查出这位男士的背景信息。所以这个女孩正是因为自己高度的警觉性以及警察的及时追踪，才避免了一则悲剧的发生，而这大概就是机灵鬼的力量吧。

如今这位女孩已经步入中年，当被问到是什么原因促使她当年及时告诉母亲发现那辆蓝色汽车的异常情况时，她给出的答案是“就是觉得车与那条街格格不入”。尽管这个答案是在事情发生45年后才给出，但是从她的经历中我们依旧可以学到要让孩子去观察周围的事物，让孩子学会与父母交流自己觉得异常的地方。

鼓励您的小机灵鬼们去观察他们周边的环境，告诉他们安全意识其实就像肌肉一样，可以通过不断地使用和练习变得越来越强，并且练习的过程也可以是十分有趣的。其实一些小游戏也是很有意思的，比如说让孩子在一堆东西里找出与其他不同的物件。家长们可以先从一些显眼的物体开始，这样即使是很小的孩子也可以轻而易举地在城市街道上一下找出长颈鹿。对于还在蹒跚学步的婴幼儿来说，这个游戏也不失为一个很好的方法。家长可以编辑或者从网上下载一些比较稀奇古怪的图片，还可以把三辆汽车和一个小恐龙同时放在窗台上，或者画一幅这样的图画。这跟我们平常玩的“捉迷藏”游戏很像，刚开始玩的时候可以把东西“藏”在沙发、咖啡桌这种显眼的地方，第二次就可以稍微增加难度了。随着孩子慢慢长大，游戏的难度也要慢慢提高，孩子们也能渐渐地对自己周边的环境越来越熟悉、越来越敏感。而家长们可以通过这样的一些游戏来打开同孩子关于安全意识问题的对话。

游戏："我是间谍"（I SPY）

另一个可以鼓励孩子多观察自己周边环境的游戏就是“我是间谍”。首先，孩子的父母或者监护人先默默地选定屋里的一个物品，比如说沙发，然后对孩子说“我扫射到的这个东西是字母‘s’开头的”，孩子们便会开始猜测，猜对的孩子可以继续猜下一个物体。这个游戏可以让孩子更加关注自己周围环境细微的变化。当几个孩子一起玩这个游戏的时候效果会更加明显，因为他们之间就会比赛谁的观察力最敏锐。若想要减弱这种竞争，可以让一个孩子去寻找“s”开头的物体（沙发sofa），另一个孩子找“c”开头的物体（椅子chair）。最后再次向您重复一遍，不要忘记游戏的目的是为了提高孩子的观察力、沟通能力以及分析能力。

游戏："找出异类"

家长还可以把“我是间谍”这个游戏升级为“谁是异类”，这个游戏无论是通过简单地让孩子从一堆橘子中找出苹果，还是利用复杂的线上或实体店中的分类游戏都可以进行。“谁是异类”这个游戏可以增强孩子们的分辨意识、提高观察能力。大部分孩子尤其是年纪很小的孩子都会喜欢这种类型的游戏。而且家长还无须费力在旁边解说游戏的意义，只要单纯地跟孩子一起享受就好。

写到这里我大概可以猜想出您可能会反驳我的观点，您可能会说“真正的坏人是不会让自己在人群中突出显眼的”。是的，现实情况的确是这样，您同样也需要把这一点告诉给孩子。然而，另外还有不可忽视的一点，孩子被家长认识的人绑架或拐卖的比重仅仅低于被父母或监护人绑架的比重。学会观察这个世界是孩子成长过程中需要迈出的第一步。随着游戏从简单到复杂、从明显变得隐晦，孩子也在一步步成长，自我意识同样在一点点提高。“我是间谍”这个游戏可以从孩子身边熟悉的物体开始，“谁是异类”这个游戏要注重让孩子发现不同。总之，尽管游戏看似简单，但却可以逐渐深入提高讨论的深度，最后让孩子认识到坏人是不会让自己在人群中“与众不同”的。

与孩子玩游戏并不是对严肃话题的逃避，相反是通过这样的方式鼓励孩子多注意观察周围的环境，尤其是要多留心似乎与周围“格格不入”的人和事物。鼓励孩子多多表达他的所见所闻，哪些是新发现的，哪些又是刚消失的。以这种游戏的方式来进行还可以锻炼孩子的沟通能力，学会聆听和表达。事实上，像吃饭、驾车、游戏这样的时间段都是家长可以用来判断和认识孩子安全意识的黄金时间，要多多观察孩子已经掌握了哪些知识，哪些是还不清楚的。

机灵鬼的游戏

- **画出小机灵鬼：**帮助孩子画出想象中的机灵鬼，让想象视觉化。
- **“我是间谍”（I SPY）:** 你来描述我来猜。
- **东西去哪了：**让孩子去找藏好的物体。
- **谁是异类：**将DVD的壳子放在一堆旧报纸之中，或者把一个橘子放到装满苹果的碗里，让孩子去找与其他不同的物体。
- **填空游戏：**既可以练习语法知识又可以提高安全意识。
- **“寻找沃尔多”和“我是间谍”（I SPY）图书：**《寻找沃尔多》是一个考验眼力的游戏，必须在有限的时间内快速从一张让人眼花缭乱的大图中找到穿着红白条纹衣服并带着一只小狗的“沃尔多”。这两套书都是可以很好地培养阅读习惯的游戏，同时可以训练孩子的警惕性。
- **找寻大自然的字母表：**跟孩子一起去散步，一起观察在大自然中有多少像字母的形状的东西。

7

第七章

教孩子搭建安全等式

Think it Through

利用安全等式、安全条例具体分析情况

游戏可以让孩子变得“机灵”起来，第四章节阐述的安全条款可以让一个机灵的孩子学会自己分析当前的安全状况。随着孩子逐渐长大，这些看似简单的条款背后的内容——包括在遇到状况时应当向谁求救、要出门的时候应该向谁说明、如何回应陌生人的询问与求助，以及意识到情况不对时应该在什么时间向信任的人寻求帮助等等，都可以有效保障孩子们的安全。您可以重新阅读一下第四章，与孩子一起重温。我姐姐的女儿今年十五岁，直到现在她仍然十分确定那些意外或者特殊情况永远不会发生在自己身上，但即使这样她也仍然在遵守母亲几年前给她制定的规则。

不计后果是年轻人的通病

在22岁的时候，我曾经做过一件很愚蠢的事（好吧，事实上22岁的时候我做过很多愚蠢的事情，但是这一件尤其让我印象深刻)。那个时候我喜欢上了骑马，每天辛苦工作就是为了攒够钱买一匹属于自己的马。当我终于攒够钱的时候，我在报纸上看到了一个广告，按照上面的号码打过去，一个男人的声音传来，然后就滔滔不绝地描述着他想要卖掉的马。他说这匹马放在一个又远又难找的地方，我便同意了去那里找他。从约定见面的地方出来后，他说要开车带我去马场。这个男人看起来不坏，而我又想见到这匹很想买的马，于是便跳上了他的面包车。直到现在我还能回想起当时突然意识到自己所处被动地位的那一刻，那时车差不多已经开出去二十分钟了，我突然察觉到这辆面包车后面没有窗户，当然在那时更不要提手机了，更糟糕的是我没有跟任何人说过来买马的这件事。我感觉到血一下涌到脸上，整个人一下子懵了，埋怨自己到底在做什么，到底有没有仔细考虑过这件事可能会发生的后果。

现在我意识到当时自己是有多幸运，因为那个男人确实是只想卖马而已，没有任何非分之想。但是我仍然可以说这次的经历改变了我的一生。从那以后，我变成了一个会周全考虑事情的人，因为我知道那次我犯了一个严重的错误，我跟自己说这样的错误再也不要重来一次。

那天的教训使我学会了一个道理，就是遇事一定要周全考虑。有时我们其实会设想自己的所作所为会带来什么样的后果，尤其是母亲们，特别善于假设“最坏的结局”。当孩子们还很小的时候，母亲们通常都会重复“吃饭后不要游泳要不然会淹死”、“看好两边的路不然会被车撞到”、“嘴里有食物的时候不要说话不然会噎到”、“不要把椅子往后倾不然会磕到脑袋”这类的话。

然而有些人却不擅长自己设想后果，尤其是年轻人。有这样一种说法，这个年龄段孩子的判断其实并不成熟，他们还没有学会把当下的情况与未来联系起来，不会设想自己的行为会带来怎样的后果。事实上，他们确实还没有能力来自己做判断，因为对于这个年龄的孩子来说大脑中负责判断和做决定的区域还没有发育完成。

发育的大脑

孩子们的发育速度不尽相同，但对于所有孩子来说脑前额叶都是最后发育的一部分，有说法甚至声称直到孩子长到25岁才会发育完成，这就帮助我们理解了为什么青少年不擅长辩证思考与分析，以及出现以下几个常见的现象：

- 注意力不集中。
- 不擅长做计划。
- 不做长远打算，对未来没有设想。
- 不能很好地控制情绪。
- 被一时的冲动所左右。

尽管这些特征并不是在所有年轻人或青少年身上出现，因为还是有一部分孩子较为成熟可以做出正确抉择的，然而大部分孩子都是像22岁的我一样，并不擅长做判断选择，而一旦判断失误就可能导致严重的后果。即使并不全部都是这样，幸运却不是每次都会降临，它往往出现在每一次的周全考虑之后。

在宾夕法尼亚的一所高中里曾经发生过这样一个故事，有一个女生因为不想上学拨打了三次电话威胁说要制造爆炸，导致当地1800名居民紧急撤离，学校也因此停课。警方迅速调查追踪电话号码找到了这个女孩，最后女孩被扣上了大型武器威胁以及恶意威胁两大罪名；置他人安全于不顾，对公共安全造成了恶劣影响。因为不想去学校就拨打威胁电话就是缺乏判断力的一个典型的例子，这个女孩没有考虑过她的所作所为会导致什么样的后果，也没有学会用其他方式来排解自己的厌学情绪。

什么是安全等式

这个等式的意义是为了实现可以在最短时间内对所遇情况做出有效反应，对事件从头到尾进行“深入分析”。当我们面对危险与挑战的时候，将其设想成等式会是一个十分有效的方式，而这个等式就被称作“安全等式”。如果将我之前买马的经历用一个等式表达出来，那便是“独自出行的女孩+陌生的中年男人+没有窗户的面包车+没有人知道女孩去了哪里=潜在的危险”。列出安全等式的目的并不是为了说明一定会有意外发生，而是为了让您可以意识到危险的存在。它的优点就是一目了然，让人可以一眼看出这个“潜在危险”的存在。在以上这个等式中，如果去掉“没有窗户的面包车”这个条件，危险性就会看起来小一些，同样如果去掉“没人知道女孩去了哪里”这个条件危险性也会降低；而如果再加上“在没有人知道的乡下”这个条件，那么您就会意识到坐在面包车里的我就是有多愚蠢了。安全等式是一个工具，就像告诉一个蹒跚学步的孩子学会做个小机灵鬼的工具一样。就像您希望年幼的孩子可以学会判断周围情况的心情一样，您也希望自己的孩子可以早点长大学会深入思考。这里需要提醒的一点是，这个等式还不适用于年龄过小的孩子，家长可以尝试通过一些简单的方式，比如说用生活中的例子来做简单化说明，就像“如果你不穿外套出门就会冷”，或者“过马路前要先观察马路两边”等等。

如何建立安全等式

由成年人来为青少年们建立安全等式是再好不过的了

如何把当下的情况用等式表达出来？答案是用最简单平实的语言将其现况简化压缩，只留下“谁”、“什么”、“何时”、“哪里”、“如何”这五个要素。等式的两端是什么？会有什么事情发生？地点在哪里？以什么样的方式发生？还有最重要的一点是它的另一端是什么？这件事究竟是潜在的危险、存在的危险还是大危险，或者它是完全安全的、不完全安全的，与这些答案所对等的就是您的决定、您的判断。您可以自己把这个等式当成一个有趣的游戏，用它来测试您的孩子们，然后再让孩子反过来测试您自己。最终谁可以最完美地“hold”住现况呢？谁又可以把当下的安全值提到最高呢？

我还记得中学时候有一个开校车的男人，尽管他自己没有孩子，却对学校里的每一个孩子都十分热情，体育活动都会参加，几乎能叫出学校绝大部分孩子的名字。他总是随身带着相机，说要为“毕业年鉴”准备照片。有孩子觉得他有些恐怖，但因为每个人都认识他，而且他也在学校工作便又觉得没什么。一段时间之后，他开始对一些男生特别关注起来，但由于这些男生对此感到尴尬，并且他也是在默默关注，所以男孩们没有跟任何人说起过这件事。

直到后来有个乘坐校车的男孩向家长反映这个司机有些奇怪的举动，经过了解这个男人之前就曾被暗中调查过，很明显他是在拍摄一些不适宜公开的照片。但是如果从一开始就能用安全等式“深入思考”，早就应该亮起红灯引起注意了。最终，这个等式便可以写成“没有孩子的孤独男人+相机+接近孩子=潜在危险”。

这个等式的意义就是让您可以做到掌握主动权，而不是被迫做出反应。如果您觉得不知该往等式上添加什么内容，就更应当引起注意仔细观察周围易变条件了。若在您了解到这位司机有良好的记录并且放入年鉴的照片都会被工作人员过目审查的条件下，情况看起来就没有这么糟糕了。但若他之前就曾被调查过并且所拍摄的照片都没有被采纳，您就应当格外注意并小心了。

我们听过很多与这个校车司机类似的故事，然而通常家长们听到的都是捕风捉影的谣言，不要轻易被这些故事吓到，尤其是当故事都还是传闻的时候更不要擅自给不相关的人扣上帽子。您首先要做的是要了解真实情况而不是产生恐惧心理，因为确实存在老师和教练因为合理的原因格外关注您的孩子的情况，这位校车司机只是一个奇怪的特例，作为家长您更应该做到深入和全面的思考。

安全条例+安全等式=智慧父母

同样重要的是，您也需要教育自己的孩子学会全面分析思考周围的环境。以下内容便是安全条例与安全等式有效结合的几个体现：将安全条例上的内容添加到安全等式上之后就会降低潜在危险发生的可能性。您的孩子出门前会告诉别人自己要去哪儿吗？您和孩子是否了解和他（她）同行的人？孩子是否了解自己所处的环境，她所在的准确地点及要去的地方？需要报平安或者寻求帮助的时候孩子是否可以很快跟监护人取得联系？遇到感到不舒服状况的时候会不会告诉父母或者其他信任的成年人？孩子知道有很多人都很爱他（她）吗？把这些问题的答案添加到这个等式之中，孩子遇到危险的可能性便会降低很多，安全系数便会提高。

您和孩子一起练习深入思考的次数越多，越可以在遇到情况的时候迅速做出反应，发现当前潜在的危险。我们大多数人都会下意识地保护自己的安全，比如说绝不独自走在深夜的小巷里。但是仍然有需要通过练习来加强这些本能反应的需要？是否真的有危险存在？是否有需要您特别注意的地方？有需要进一步了解信息或者立即行动的必要吗？或者您需要回想一下在孩子生活中出现的人：您当初是怎么认识他们的？您是怎样一步步对他们取得信任的——是之前共同朋友介绍你们认识的还是他们自己先认识孩子的？您的孩子同他待在一起的时间长吗？

警告标示

要格外注意以下几个问题：

● 孩子的行为举止有没有突然间改变的迹象？尤其是在与某人相处一段时间之后？

● 孩子是否突然间变得孤立起来，或者有抑郁、易怒的表现？

● 孩子是否突然间厌食，或者突然对之前热爱的运动和活动失去了兴趣？

教育孩子本身也是自己学习的过程，当您和孩子对这些安全问题有一定认识并且找到答案的时候，相信您的孩子已经成长为可以自己灵活判断的青少年了。虽然我并不能保证按照这些规则去做便可以保证百分之百的安全，但至少可以减少潜在危险发生的可能性。在第四章节里面我已经列出了几条规则，希望您可以通过自己的思考和实践去一点点地补充、完善它，这里我再重复一次：

基本安全条例

- 列出自己和孩子可以信任的人的名单，把这些人的电话号码放在家里孩子可以找得到的地方。
- 让孩子承诺在没有家长或者其他监护人允许的条件下不准自己外出。
- 让孩子保证不单独出行。
- 告诉孩子在必要或者感到不适的时候可以拒绝他人。
- 让孩子知道在遇到困难的时候向名单上的人求救。
- 提醒孩子不应该一味地相信他人的话。
- 告诉孩子如果当他们觉得当前的安全不能保证或者不了解所处环境的时候，可以随时给自己打电话，不论白天还是黑夜。
- 要经常告诉孩子您有多爱他（她）。

8

第八章

数字时代的安全保障

Protecting Your Kids in the Digital Age

让孩子远离网络危险：

与孩子一起学习网络安全隐患知识

让孩子在家长陪伴下使用电脑及玩网络游戏

安全条款同样适用于网络环境

检查聊天记录

电脑及其他各种社交媒体已成为当今家庭生活中不可忽视的问题。科技更新换代的频率之快让家长在教导孩子的时候有些不知所措。家长们以为自己早已掌握电脑技巧，但实际上那些产品早已更新换代。那么使用电脑的规则有哪些？怎么来掌握孩子对这个如今无处不在的产品的使用情况？会诱发犯错的原因是什么？作为监护人又该掌握哪些孩子使用此类媒体产品的知识呢？

断了家里的网就万事大吉了？

如果现在还有家长不了解社交媒体的强大，以及其在孩子生活中不可比拟的重要性，那这位家长一定是生活在封闭孤立的星球里。家长通常都会犯两个错误：第一个，他们都认为在孩子进入青春期以前没有必要担心他们有网络社交问题。这种观念明显是错误的，事实上，现在懂得电脑或平板操作的孩子越来越低龄化，他们很小的时候就知道如何上网、如何浏览自己感兴趣的网站。好多还在蹒跚走路的孩子在学会写字之前就已经会玩触屏电脑了。

最近一次出差，我的航班晚点了两个小时。我坐在登机门旁边，看到一个不到两岁的孩子一直在玩他父母的平板电脑，孩子玩得十分投入，不吵不闹地盯着电脑。他的家长一直在跟旁边的游客聊天，完全没有注意到孩子已经站了起来，走到我旁边的座位上。我瞥了一眼看到这个孩子正在玩一个暴力型的网络游戏，这个游戏应该是在连接上机场的免费无线网络后才可以玩的。过了一会儿，孩子的家长发现孩子不在自己身边了立马紧张起来，找到孩子后发现他正玩在兴头上就把平板夺走，紧接着孩子就大哭起来，家长只好又把电脑还了回去，警告了孩子一句，当然在我看来这句警告也没啥作用。

第二个常犯的错误是家长通常都认为如果断了家里的网络，孩子的网络安全问题就有保障了。这样的想法也是不对的，即使你可以锁住笔记本的上网账号，孩子们也可以轻而易举地在网络覆盖的咖啡店或者公共图书馆里用朋友的账号连接上网络。大多数情况下，只要孩子想要这样做，他们总是会有办法做到。

社交网络的危险知多少？

不管是孩子已经开始使用网络社交工具的家长（这些网站运营商名目繁多，因为像推特或者脸书这样的大企业通常都会有很多小型网络社交工具产品），还是对尚在苦恼是否让孩子使用社交工具的家长，现在都要注意了：孩子极有可能会受到社交网络的伤害。在这些网站上，孩子可能会受到的暴力、压力、恐惧，是家长们在他们这个年纪时所无法想象的。如今“好友”这个词的定义早已发生了变化，可以去问一下青春期的孩子，在他们的社交网络上有多少好友，可以向您保证这个数字不会低于二十，有的孩子的好友数量会达到五百甚至更高。而在这些“好友”中，有多少是可能会引发绑架事件的，不妨思考一下。孩子需要认识到的一点是这些所谓的“好友”大多是他们现实生活中并不认识的人。一些“有心人”正是以这种途径来获取信息、金钱甚至其他。我在这里这么说，并不是告诉您您的孩子一定是在跟绑匪交朋友，而是提醒家长必须要加强自身及孩子的安全教育。

现在我们来讨论另一个大家关心的问题，这个问题通常被称作“脸书忧郁症”。“脸书忧郁症”是现实存在的一种病症，任何孩子都有患上的可能性。一个拥有450个脸书好友的人为什么会觉得没有人认识自己？为什么自己会是那个周五晚上唯一无事可做的人，连找在线聊天的人都找不到？孩子们通常只会停留在问题表面来思考，而且容易胡思乱想，这样他们就很容易陷入“既然没有一个人愿意跟我聊天，那肯定是除了我以外大家都很开心地在一起玩，只有我是一个彻彻底底的失败者”。如果连一个发照片时会提到我的人都没有呢？如果最好的朋友更新内容说自己去了一个超赞的派对，你却发现自己是唯一一个没有被邀请到的呢？

孩子们会很认真地考虑这些问题，而且还有一些孩子故意发照片来刺激其他孩子。这些社交软件就像一个得分板一样把得分公布于众，孩子看到自己的分数后就会觉得自己做得不够好。尽管有的家长会觉得这些话听起来有些无厘头，但还是要去了解自己的孩子是怎么看待这个问题的。家长需要通过与孩子展开讨论，询问他们这些方面的问题。虽然社交媒介让我们大家有了一种“融入感”、“参与感”，但如同所有事物一样，它也有其自己的局限性，尤其是在被看作网络社交的得分板时。

曾经有过一个18岁的客户，告诉我她必须要“远离”这些社交网站。这个年轻的小姑娘严重缺乏自信感，每天花很多空闲时间在这些社交网站上浏览其他“好友”的生活，然后来同自己的作对比。虽然她说这个习惯并没有紊乱自己的饮食习惯，但是也成为了她开始节食的重要原因。我认识的另一个18岁大的孩子注销了自己的社交网站账号，原因是因为“我真的很不喜欢这样的交流方式，没法真实地去认识一个人，大家在做的只是在浏览、比较、评价而已”。

另一个问题则是“网络暴力”，有一部我女儿很喜欢看的电影，名字就叫作《网络暴力》，这部电影是以一个密苏里州女孩的真实故事为背景的，她在网络上被不认识的人说自己活着也没有意义，受到这样的网络暴力以后准备选择以自杀来结束自己的生命。我相信女儿通过观看这部电影懂得了网络暴力的严重性甚至到了可以剥夺一个人生命的程度，但即使通过这部电影学到了很多，她还是没有改变自己的上网习惯。我曾经让她删除贴在个人主页上一些比较暴露私人生活的内容，也和她一起讨论过《网络暴力》这部电影哪些是真实的部分哪些是编撰的（前面曾经提到过这是一部以真实故事为题材的电影）。

如何同孩子讨论网络暴力问题

- 询问孩子们在网上看到什么样的信息会感到不高兴。
- 找出这些消息的来源或者发布者，让孩子来考虑这些消息是否真的是它的发布者所写的。
- 不要回复此类消息，也不要删除它们，可以当作证据留作以后使用。
- 如果可以的话，屏蔽消息的发布者。
- 将这类信息举报给网络运营商及学校（如果发布者为同校同学），然后让警察来判断这是否涉及威胁、犯罪或照片曝光等等。
- 访问http://www.stopbullying.gov。

您的孩子是否认为自己在网上读到的所有信息都是真实的呢？就像我们曾经告诉过孩子们电视上出现的并不都是真的一样

（是的，有些所谓的真人秀也并不全是真的），我们也需要花时间来告诉他们需要自己判断网络信息的真实性。多多询问孩子他们平常上网都在浏览什么信息，问他们是否绝对相信“上电视”、“登上网”的真实性。孩子们也经常在教室里讨论这个问题，尤其是当网络上的信息变成了白纸黑字印出来之后。对于老师而言，有很多系统可以用来查证信息的原创性。剽窃，是一个老生常谈的话题，这种现象经常发生，但往往都以“偶然”作借口。孩子们应当对信息的来源与合理性有清楚的认识。现在很多学校将对媒体信息的理解能力培养，作为一门课程放到教学中去，当然这也与孩子自己对网络信息的理解程度有很大的关系。

显而易见，互联网及网络社交存在很多危险，其中包括“黄色短信”、网络暴力、照片交换、私人信息泄露、网络社交抑郁症等等。因此要多多与孩子进行这方面的沟通，有效的沟通可以让孩子们更好地了解信息，并且以提问的方式来帮助孩子去理解。对于孩子安全问题的教育，家长不要仅把重心放在现实世界层面，网络安全同样不可忽视。

哥伦布战略

请您开始尝试与自己青春期的孩子讨论网络社交的问题，哪怕是仅仅讨论这些沟通工具的影响。孩子们一定都认为自己知道的一定比你要多，因此家长更要记住沟通才是根本、教育才是目的。虽然他们可能更了解最新技术的更新换代，但是他们并不能认识到这些技术所带来的影响，甚至并不能感受到电影、电视、广播给生活带来的影响，这时家长就可以以此作为自己的优势来同孩子沟通。

首先，邀请孩子的几个朋友一起加入讨论或许会更好一些；其次，运用我所提到的“哥伦布战略”（就像电视里的侦探那样装扮成盲人把手伸到箱子最下面摸东西），开始你可以装作什么都没有摸到，问孩子们是怎么看待社交网站的，这些网站有什么优点和缺点，然后仔细地聆听他们的答案。当时我的女儿跟她的朋友们说了一个模棱两可的答案，于是我又问了一些更深层次的问题：“我怎样才会知道跟我网络聊天的人的真实身份？”“怎么判断我从网上看到的信息的真实性？”接着提出了网络“好友”这个话题。随即进一步深入话题，问孩子们他们究竟对网络好友的了解有多少，询问他们有没有感受到在网络社交圈里的压力或者对此感到抑郁，而且还请教了孩子们怎么来设置个人隐私，他们多数都对此十分熟练。

虽然家长不应该阻碍孩子的网络交友，但是仍然有义务帮助孩子分清网络与现实之间的相同以及不同之处。而且最重要的一点是，你得确定你的话题是在讨论半天之后仍然可以拉回来的，也许一直跟孩子们讨论“加好友”、“评论好友”、“点赞”这样幼稚的问题，貌似不能对孩子产生积极的影响，但效果却是惊人的。网络社交给孩子们提供了一个崭新的与世界沟通的方式，而我们所认识的世界也正在以全新的面貌来与孩子们交流。因此，由此带来的新的问题和难题是不可避免，同时也是不能忽略的。

制定关于社交媒体的相关规定

家长必须清楚自己与孩子沟通的目的是什么，让孩子明白因为家长会担心所以自己必须学会对自己的安全负责。而且家长需要在孩子使用的社交网站上与其加为“好友”。如果孩子拒绝，家长可以以此要求其注销账号。当我告诉儿子这个要求的时候，他对我说：“妈妈，我感觉在我加你为好友之后，你就会一直在上面监督我！”然后我告诉他：“没错，事实上我就是一直在监督你。”还有一点家长需要注意的是，与孩子互为好友并不意味着您可以随意浏览他们的主页，有时候家长在孩子的主页上出现就像在人满为患的沙滩上出现大白鲨一样显眼。家长要做的不是逼着孩子对自己封锁主页、申请另外一个家长不会知道的新账号。事实上，家长可以给孩子一个书面或者口头上的承诺，关于在他的主页上哪些是自己会做的哪些是不会做的，这样孩子就会明白自己浏览他的主页是会对他产生积极影响的。对于大一点的孩子来讲，这样可以帮助提醒他们有时候大学或者用人单位都会通过个人主页来观察申请人的性格。

要把电脑放置在家里的公共区域。虽然这种做法并不能保障孩子的网络安全，却在一定程度上避免了一些存在安全隐患的行为和活动。同时家长也不能忽略笔记本电脑和手机等物品，对孩子们来说（也包括大人）很容易就抱着它们在“别的房间”里，在没有意识到的情况下消耗了大半天的时间。如果孩子一直在上网或者沉浸在网络游戏中，这时同他们的对话就不会对他们的现实生活产生任何影响。

而且家长要记住，把网络游戏跟诸如电子书之类的电子产品放在你可以看得见的地方。或许孩子会教你怎样去使用最新的科技，因为新科技的发展速度是远远超出你的想象的，远远超出你认为的能够给予孩子的保护范围。现在在孩子的生活里有着各种各样的图片分享软件，这些软件的出现为和祖父母、远方朋友及亲人的沟通带来了无数的欢乐。

但是还记得“我给你看你就要给我看”这个老游戏吗？这个游戏又重新流行开来，但是参与者的年龄层有所上升并且更多的是通过网络或者使用手机来进行，并通过互联网传播起来。通常家长待在房间里的时候，孩子不会拉开T恤衫或者脱下裤子。而如果你要工作到很晚，孩子独自待在家里，回到家后要和孩子聊天向他说明你的担心，跟他达成一个自己不在家的时候不许分享照片的协议。在教育与知识普及的基础上加上一定的规则，可以帮助孩子做出正确的选择。

我有一个朋友在他的孩子违反他们之间协议的情况下，就会把家中电脑的键盘带到工作的地方，同时对孩子违规的行为设定在一定时间内禁止使用电脑的惩罚。但是随着各种新型工具的出现及科技的发展，这样强制性的限制阻止越来越难执行了。因此家长就需要让孩子明白这些做法都是出于对他安全问题的考虑。社交媒介种类繁多，随处可见，可以接触到的途径也越来越多，如果你同孩子之间有过关于社交媒体、网络安全的有效沟通，并且继续以此种方式来告诉孩子这中间所包含的好处与潜在的危险，他们就会更加擅长做出正确的决定。

社交工具基础安全守则

- 制定社交工具使用规则。
- 将电脑放在家中公共领域。
- 在特定时间内关闭所有电脑。
- 定期检查电脑中孩子的上网浏览记录。
- 向孩子询问电脑密码以备不时之需。
- 保证可以进入浏览孩子的社交主页（通过加好友或者其他方式等）。
- 请求他人帮忙关注孩子在网站上的更新内容。
- 保持跟进主页更新（孩子是十分重要的信息来源）。
- 检查手机通信记录。
- 多与孩子沟通。

另一个监督孩子的有效方法是可以向孩子的表亲、朋友或者大家庭成员寻求帮助。前段时间我的姐姐跟姐夫出差，期间她的朋友打电话来告诉她，我的18岁的外甥在自己的社交网站主页上上传了一条在家中举办对外开放的派对消息,欢迎任何人来参加。这个孩子连家庭住址都粘贴到了网站上。我姐姐听到后立马给儿子打电话，让他删除掉这条信息并且取消这次派对。当地警察也十分热心地在晚上赶到家中来确定是否真的没有举行，还好家里还像往常一样平静。姐姐回到家里后，马上向儿子解释了为什么把家庭住址写到主页上公开是不对的，不仅如此，包括电话号码及其他个人信息都不能公布在网上。是的，尽管也许现在想要了解到一个人的信息十分容易，但还是要通过讨论、聊天这样的形式让孩子了解到我们需要学会保护自己的隐私。

如果家长同孩子之间有着彼此信任的关系，则为比较理想的状态。按照本书提供的方法及指导来做，可以有效增强与孩子间的信任。但是不要因此就忽略了孩子在上网时会做的事情，因为不管是出于本意的还是在无意间，孩子都会浏览一些你无法监督到或者根本就不知道的网站。

比如说，家长需要检查一下孩子是否在玩线上游戏，如果在玩，是在和谁一起玩，因为现在的网络游戏在一定程度上给成年人提供了诱惑未成年人的机会。或许你的女儿并不知道现在正在跟她一起玩游戏的同龄人是一个“怪蜀黍”。还有一些比较极端的例子，曾经有一个客户跟我说，他的孩子之前甚至都在跟一些激进分子玩游戏。这位母亲是在有一天浏览儿子的好友列表时发现的（作为孩子的好友之一可以看到他的好友列表），她注意到在里面有一个小组，准备最近在附近的市区举办游戏比赛。还好她反应灵敏，很快发现了其中的异常，没有让儿子参加。后来我又通过其他的游戏玩家愤怒的反应意识到，这个客户的孩子曾经接触到的团体有故意歪曲孩子想法的记录。在这个孩子看来，他只是在跟当地同一个小区的朋友们一起玩游戏，没有意识到这是一群二十岁的陌生人。我虽然认同大多数的游戏玩家都没有问题的，但是毕竟这本书的写作目的还是要让孩子及家长认识到在这些大多数之外的危险性。而且我们通常都会发现十三岁左右的孩子十分敏感且容易受到他人的影响，因此与任何成人团体过多接触都似乎不是一个好主意，家长们必须认识到这一点。

网络世界就像一个大卖场一样，既有陌生人的关心，又有来自同龄人的压力，当然还有各种令人叹为观止的知识、信息、沟通途径、服务以及各种各样的人，都混杂在其中。这时您应该问自己这样一个问题：你会让自己的孩子与一个从未见过面的陌生人一起在车里玩吗？你会让他自己去逛商场吗？如果他自己在没告诉任何人的情况下去了一个从未去过的地方呢？该去相信一个自己跟女儿都从来没见过的人吗？答案当然是否定的。您可以把电脑想象成一辆车、一个操场或者一个商场。在现实世界中所用到的保护孩子的规则，在网络世界中也同样适用。

年轻人很容易对热情、体贴的朋友产生兴趣。尽管这没什么值得奇怪的，也无伤大雅，但仍然需要敲响家长的警钟。解决的办法是什么呢？像之前所谈过的，如果孩子打破了事先制定的规则，那么就应该没收电脑键盘，把各种电子设备收好，根据事态发展再做出进一步决定。当然这些做法也许在您看来有些过分，但不要忘记，孩子还可以自己通过手机或者其他设备上网。如果你实在觉得过意不去，那么可以考虑给孩子的手机连接网络。给孩子另外一个可以感受到与他人联系在一起、可以接收到社会信息的媒介。但这真的有必要吗？就因为其他人都有（事实并不是这样，这只是孩子对你的说法罢了）自己的孩子也就要有吗？

当然，在这里并不是否定电脑和手机的必要性，在很大程度上正是因为它们才使得青春期的孩子与固执的家长能有所沟通。我认识的一位母亲即使与儿子只隔着两个房间的距离也会给儿子发短信，孩子也会很快回复并且态度还不错。对于青春期的孩子来说，当面同家长表达自己的情感是一件尴尬的事情，他们宁愿选择用打字、短信的方式来替代。除此以外，利用手机和电脑沟通不仅节省了时间和金钱，更是在某种程度上提高了沟通的效率。比如说“公园里，树边，快点过来”，这样短短的几个字就比一长段苦口婆心的话更容易让孩子加快速度。而且现在的孩子如果没有连上网几乎就没法写家庭作业。

帮助孩子理解网络聊天的真相

首先需要说明的是我不是一个反科技者，毫无疑问互联网给我们的日常生活带来了许多积极的变化，但也确实让我们因此面对了很多前所未有的问题。这些新问题有时候确实会让家长们手足无措无从判断，不知道什么是对亲子双方来说都正确的做法。有一天我同一位知名的电视新闻评论员聊天，讨论了很多关于在当今社会抚养孩子会面临的各种令人崩溃、带有挑战性的问题。他告诉我，最近的一个新闻报道提到，甚至有家长会在孩子的车里安装GPS定位系统用来监控孩子的短信。他说在今天的社会里，其实也这是可以说得通的。“因为家长要为孩子负责，他思考过，然后这么做了，不管孩子知不知道，对他而言这是十分有意义的。”他解释道。

跟踪孩子的行径？操控他们的短信？这听起来更像是一个黑道大哥而不是知名的评论员说的话。但是他接下来的话让我有了种如释重负的感觉。实际上他也只是位想随时可以跟自己孩子联系上的平凡父母，只是想可以领先自己的孩子一点点。也许，仅仅是也许，在孩子的车里安装GPS可能是个好主意，也许这样通过他们的短信可以更好地了解孩子都在与谁联系，在做些什么。然而事实上，这样做算是真正地在与孩子同步吗？安全与意识只是一个三腿凳子中的其中两条，只有通过沟通，它才能真正立起来。当然可能您的家庭有自己特别的情况，但是对于任何一个家庭而言，有责任心的父母是会直面存在的问题，与孩子共同讨论，尤其是对于年纪稍大的孩子而言更应该这样。

事实上，不与孩子讨论这些安全问题本身就存在隐患。一个孤单、焦虑、压抑的孩子很容易就会去寻求陌生人的安慰，而常与孩子沟通的家长应该不会在自己孩子身上发现有这些特征的存在。是的，科技进步为监控孩子提供了条件，然而这却成了逃避的借口与不信任的表现。家长只有清楚自己该怎样做并且按照这样的想法去实践，才是明智的做法。

是谁最了解孩子在网上都在与什么人接触，在做些什么呢？答案就是孩子自己。家长与其设法通过各种手段想要窥探虚拟世界中的孩子，还不如把这点利用起来当作教育的素材。家长如实地把网络关系的现状告诉孩子，则是最好的保护孩子、避免潜在危险发生的办法。帮助孩子正确地认识网络交往，可以询问孩子是否知道自己究竟在跟谁对话，询问仅仅依托于屏幕的关系，有什么意义。尽管这些网络交往关系也有很多益处，但是却可能因此泄露很多个人信息。如果您的孩子有很明显的自我封闭迹象，那么就更要制止他通过网络沟通的行为了。这时您该做的就是向专家寻求帮助，多多鼓励孩子与现实中的人沟通。

帮助孩子学会更好地与他人沟通

- 鼓励他们：坚持做自己。
- 关心他人。
- 学会向他人寻求帮助。
- 融入集体中去。
- 坚持不懈。
- 出色的记忆力。

还有最重要的一点是，要了解孩子在网上聊天、游戏的对象是谁。同时孩子们也需要了解家长会始终站在孩子这一边，不管长到多大都要守护他们的安全。研究表明，没有家长看管的孩子会比其他孩子更脆弱一些，这些孩子也更容易受到陌生人的注意。因此作为父母，要慢下脚步、耐下心来、仔细观察。

有一个很有意思的实验，要求全家在一天或者两天时间内彻底切断网络。每个人对网络的依赖性有多少？你对网络的依赖性又有多少？在24小时内切断网络，你的一天会发生什么样的变化，又会以什么样的方式与他人联系呢？很多人都尝试过这个游戏并且表达了对它的喜欢，尝试着在一周内实行一次“远离科技”的生活。

网络及社交焦虑症警告

- 疏远朋友及家人。
- 对生活或者曾经热爱的事物失去了兴趣。
- 行为举止发生改变。
- 体重下降。
- 睡眠时间异常增多或减少。
- 上网时间异常增加。
- 异常焦躁不安、难以集中注意力。

我在本书中多次强调的关键词是安全、意识与交流，将这些词语组合起来会产生无限的力量。多与孩子沟通，向他表达你的顾虑与担心所在，通过这样的方式家长自身也会学到很多。可以多与孩子交流一下自己刚了解的一些新科技，问他们是否也对此有所了解以此来消除内心的疑惑。如果您还不理解或者不会使用这些新服务、新应用或者新设备，可以让孩子来教您该怎么使用，让孩子知道自己在认真听他们讲解。在安全的环境中感受到爱与关心则是对孩子来说最有效的武器（尽管他们可能不会承认），这个结论不管是在虚拟世界还是现实世界里都同样适用。

9

第九章

是侵犯还是表达爱意？

Is This Exploitation or Do You Really Like Me?

为了防止孩子遭遇侵犯，家长应该特别注意以下内容：

什么是侵犯？

知识就是力量

自尊与孩子的安全

侵犯的定义

每当谈到孩子受到侵犯这个话题的时候，大多数人都会立马想到性侵犯，其实儿童受到侵犯的种类有很多。有时候他们会受到老板、广告商、政治家、学校人员的侵犯，有时这种侵犯甚至可能来自父母，尤其是在父母准备离异或者有其他重大家庭变故发生的时候。关于儿童侵犯的问题，家长们需要特别注意以下两点：首先，侵犯的程度有所不同，可以从最轻的层次跨越到严重的程度，儿童可能会受到的侵犯形式也远不止性侵犯这一种；其次，因侵犯的定义不同，每个人对它的认识也不一样，所以可能在您看来属于侵犯范围的行为在另一个人眼里并非如此。举个例子，您认为教练为了提高实力让孩子提早从凌晨就开始训练的行为就属于侵犯，然而孩子可能会觉得这没有什么。为什么这两点尤其重要呢？如今的家长们仍需要打开自己的思维来讨论儿童侵犯行为的话题，同时这也给孩子们（包括家长们）提供了很好的训练理性思维的机会。

我们现在来看这样两个极端的例子。一个关于儿童军的故事，或许您之前曾经听说过，在有些国家里孩子早早地就被政府、执政党或在野党军队强制性要求入伍。这些孩子年纪大多在十五岁到十八岁中间，甚至还有九岁十岁就已经入伍的孩子。儿童军不分性别，其中女童军遭受强奸、性骚扰、欺凌的概率会更高一些。相较成人军而言，儿童军更好控制、指挥，训练成本也更低。

社会早早地让这些孩子入伍，这种明显带有意图的做法让我联想到了儿童政治侵犯。我曾经在电视上看到很多孩子出现在各种类型包括大选在内的政治类广告里面。虽然这些儿童演员并不是童兵，但这是否也应该算是一种侵犯行为呢？尽管也会有少数例外，但大多数孩子都还没有形成自己独立的政治观点，更不要说让他们理解立法、为候选人背书了。这算是侵犯吗？那么其他种种市场化行为，是否都应该算在其中呢？

在美国，包括儿童奴隶制在内的童工制度已经有很长时间的历史。就像童军一样，童工更便于管理也更加廉价，而且参加工会或者罢工的可能性也更低。如今儿童受到雇佣法的保护，从1938年《公平劳动标准法》开始联邦法律也对此做出规定，在联邦法律中明确规定最低工作年龄和儿童工作时间的做法在美国历史上尚属第一次。您应该对于自己所在州或城市的儿童雇佣法法规十分清楚，包括未经允许禁止某个年龄儿童工作的条款等等。另外很多孩子都会在家里帮忙做家务，在您看来超过哪个限度才算是侵犯儿童权益呢？如果是孩子主动帮助家长做些力所能及的家务呢？

性侵犯

儿童性侵犯是一个备受全球关注的严重问题，尽管很多执法部门都在严厉打击但效果并不是十分明显，卖淫、性旅游业、儿童色情片等在全世界范围内仍旧猖獗，其中包括拍摄散播儿童色情片、引诱儿童进行网络性行为以及儿童性旅游业、性骚扰等现实例子。性侵犯行为是指以金钱、食物、楼房等为诱因对儿童进行侵犯，包括第三方从中受益的可能。世界反儿童商业性侵犯大会认为在出于某种目的的前提下，对未经过当事人同意对十八岁以下儿童强制安排结婚的行为也属于性侵犯。

美国社会十分关注儿童性侵犯的问题，采取了相应系统化、能够看到成效的举措，媒体进行大规模报道，法律法规也发挥了有效作用。梅根法规定对于有性侵犯史的公民会在网络公开其历史记录与个人信息，大多数人认为这一举措对于自身安全保障及儿童保护是十分必要的。如果可以减少性虐待事件发生，即使是因登记等做法使公民的隐私受到影响，这都是可以理解和接受的。在美国及其他国家的书籍中都有对各种法律法规进行相应介绍，旨在保护儿童免受性侵犯的伤害。并且现在的媒体覆盖率可以使任何一个事件迅速成为公众的焦点，其隐形力量无可估量，这极大地增强了人们的意识。

人口拐卖

关于侵犯的话题，最后我要谈及的便是包括儿童拐卖在内的人口拐卖。近年来，人口拐卖产业发展猖獗并且与性侵犯挂上钩。跨过国界的人口流动（尤其是孩子的流动）更是增加了他们的脆弱、不稳定性和遭受虐待的可能性。这与奴隶制有着一定程度的相似性，人们被迫参加劳动且受到各种虐待及辱骂。这里我想再次强调一遍，信息就是力量。一个广泛接收信息的孩子就不会轻易被一个陌生人的花言巧语骗走。据估计每年大概有一百万人成为人口拐卖的牺牲品，有男孩也有女孩，还包括成年人。目前，尚有许多性贩卖团伙还未被发现，也有部分团伙难以打压。

关于人口拐卖

- 据估计，每年约有**250万**的人因人口拐卖被强迫进行劳动（其中包括性侵犯等）
- 据报道有**161个国家**被卷到人口贩卖的活动中，包括贩卖输出地、输送地以及输入国。
- 人口买卖对各大洲以及各种经济类型都产生了影响。

受害者

- 人口拐卖的受害者年龄主要集中在**18到24岁**。
- 据估计每年有**120万**的儿童被贩卖。
- 被贩卖人口大多都在**中学教育**水平之上。

人口贩卖者

- 约52%的人口贩卖目标人群为男性，42%目标人群为女性，6%不分性别。
- 在所有人口贩卖的案例中，约有54%的受害者是被陌生人拐卖的，46%的受害者与拐卖者认识。
- 大多数人口贩卖的嫌疑人都是贩卖活动地的本国人。

我们通常认为犯罪者大多是易于识别的，事实却并非如此。他们可能伪装成各种面孔，绝不会让人们第一眼就会对他们产生恐惧感和防范意识。他们手段娴熟，通过各式各样的途径给受害者灌迷汤。其中最恶劣的方式就是以恐吓受害者或其家人为手段让他们服从自己的要求，有些罪犯甚至还以提供成功或者致富的各种承诺来使受害者上钩。有些受害者们认为这些经历已经成为她终生的耻辱与污点，除其他受害者以外不愿与他人联系，主动将自己隔绝起来。

为什么受骗的总是孩子?

在犯罪者们看来孩子还没有思辨能力,易受操控,只会理解字面意思,而且不像成年人那样有丰富的人生经历,不会理智地做判断,更不会考虑后果;同时也比成年人更脆弱,更容易对他人形成依赖心理,这些犯罪者们通常都会先找出受害人的弱点再下手。

在本书的其他章节中我们谈到了孩子大脑发育的问题,孩子是否会遭受侵犯也与其思智发展情况相关,是否会上当受骗与孩子能否自己抉择、做判断有很大的关系。即使是年龄较大的青少年们也无法做到充分的理性,拿这个现象来举例,想想有多少孩子在开车的时候发短信,虽然他们已被警告了无数次要禁止这种危险的动作,但他们还是不听。再比如说,有很多孩子都会因为“免费酬劳”这个承诺而动心,尽管我知道这只是毫无信用的公司常用的噱头方式,对于孩子们而言可能很难理解其实世界上根本就没有“天上掉馅饼”这种事情。我的一个客户最近想说服他母亲花500美元买一套毫无用处的初级家具套装。公司承诺给他的是如果他可以把它卖出去就会雇用他,并且承诺支付他每小时15美元的薪金。尽管这些例子都十分鲜活典型,大多数孩子仍旧认为自己知道的远要比父母多,所以在孩子大脑尚未发育完全并且缺乏生活阅历的情况下,这些问题仍旧会存在。很多孩子都不想听到自己已经在毫不知情的情况下被别人利用了这类的话,因此如果您直接把现实情况戳破可能也不会有任何帮助。这便是为什么要进行性侵犯话题讨论的原因，因为您更需要学会去聆听孩子自己对这件事的看法。

防止被虐待

那么，这就是您能做的吗？做到这些就可以保证自己的孩子不受任何形式与程度的虐待吗？没错，是这样的。

您可以先向孩子问问题，不妨就从孩子在抱怨您让他（她）做家务的时候开始。

怎样与孩子讨论虐待问题

询问孩子以下几个问题：

- 你认为虐待是什么，包括哪几个方面？（这时家长也需要参与到讨论中去表达自己的观点。如果家长也没有准确概念，请事先查阅。）
- 当你在帮家长做家务的时候有觉得自己是受到虐待了吗？
- 虐待孩子的对象通常都是谁？他们是怎么利用孩子们的？

这里会有很多仍需讨论的灰色区域出现，因为没有谁的观点是绝对正确或者绝对错误的，称不上绝对的好与坏。人的行为受思想支配，所以首先就要先弄清楚孩子到底在想什么。要记住，家长的角色就是要鼓励孩子多多表达自己的想法，认真聆听他们的心声。

在对话的过程中有效地沟通、教育与倾听，可以帮助提高孩子的安全意识。当您的孩子可以用语言表达自己的想法，并且对某些灰色问题产生自己想法的时候，就意味着孩子的思辨能力已经提高了。这样，当孩子面对更加棘手和残暴的剥削问题时，就可以利用从与您讨论中所学到的去分析情况，学会自己控制局面，也能变得更加自信起来，而一个充满自信的孩子更易于保护自己远离各种形式的虐待。因此要鼓励自己的孩子多多学习、培养自信、提高思辨能力。

培养孩子自信心的活动

列出

- 3~4项自己感兴趣的事物。
- 3~4个美好的回忆。
- 3~4个最大的精神动力。

然后随身携带这个小列表，对自己产生怀疑的时候就把它拿出来读一读。

做个剪贴簿

- 从杂志上剪下喜欢的部分，把它们粘贴到海报板或者墙上。

帮助他人

- 有时候帮助别人也是一个认识自己价值的过程。
- 在学校、教会参加志愿者工作，或者点击http://www.volunteermatch.org/ 。

掌握新技能

- 参加一项体育运动或者去学一样乐器。

参加团体游戏

- 访问 http://www.scoutingweb.com，点击价值、多样性、自尊心几个项目，选择这几个项目下适合孩子的可加强自信心或者团队建设类别的游戏。

微笑和呼吸

- 微笑是一个十分简单的动作，然而当你感到情绪低落或者被负面情绪影响的时候，它却是一个很有效、可以让你立刻舒缓的办法。不妨试一下吧！
- 还有另外一个可以放松、提高自信心的方法，那便是把注意力集中到自己的呼吸之上，尤其是在您感到压力或者对自己失去自信的时候，效果会十分明显。在短时间内就选择让呼吸来控制自己的大脑吧。

虐待的种类和方式有很多种，家长该做的就是在深入思考之后与孩子沟通以及教导他们什么时候该说“不”。

什么时候要说“不”？

- 当别人的行为已经让你感到不舒服的时候。
- 当别人用你不喜欢的方式触碰你的时候。
- 当别人要求你去做一些不能保证安全的事情的时候。
- 当别人未经父母或者监护人同意让你去其他地方的时候。

您需要自己在深入思考之后去判断什么是对维护整个家庭的权益、保障孩子的安全有帮助的，要去了解去支持孩子，这样孩子才会相信自己。尽管对孩子而言这可能是一个难以理解的概念，但如果您做到可以保证孩子安全，避免被侵犯的话，那么您便已经迈出了坚实的第一步。自我感觉较好、充满自信又能认识到自我价值的孩子，往往比其他孩子更坚强一些，而当孩子有过讨论拐卖、绑架话题的经历之后，这份坚强又会再加一分。在变得自信、学会保障自己健康与安全的过程中，孩子们自己也会受益良多。学会理性思考、辩证推理、向信任的成年人寻求帮助，对孩子来说都是受益一生的财富。侵犯是一个开放的话题，观点没有对错之分，唯一一个错误的观点就是对其保持沉默（当孩子稍大一点或者可以理解这些复杂话题的时候，家长便可以同他对此进行讨论了，但是培养孩子积极的人生态度永远都不算晚）。当孩子开始学会认可自己、认识到自己的价值并且能感受到自己是被爱着的时候，他（她）便不会再像从前一样敏感了。如果孩子能够自己自如地谈论侵犯、绑架这类话题，他们同样可以感受到自己的进步。

每一个孩子都需要被保护。如果信息就是力量，为什么不把它传递给他人呢？只要稍微地辩证思考，信息、知识都可以转换成意识与自信。如果孩子们并不能理解其他人或者团体想要利用自己的心理，家长的角色便是帮助他们来衡量，引导他们去深入思考，让他们学会在遇到困难的时候应当向哪些人寻求帮助。

10

第十章

即使和警察不亲密，起码也要打声招呼

If You Don't Take A Cop to Lunch at Least Say Hello

警察可以保护孩子的安全，因此作为家长应该：

遇见警察时主动打招呼

在孩子面前消除对警察的偏见

支持与鼓励执法部门的工作，与其建立良好的关系

遇事首先找警察，是对的

很多时候警察或其他执法人员会得到不应有的对待。大部分人都是在做错事或者认为自己做错事的时候才会与警察见面。存在这样的偏见是有原因的，比如说我的一个客户就告诉过我，在她把钱包放回口袋里的时候警察喊住她，认定她这样的动作是在偷窃，更夸张的是这位警察硬是要驱逐这位客户立刻离开商店。尽管这样，如果我能说出五个警察行为“粗暴”的例子，我也能说出十个在警察看似“恶劣”的表现下、实际只是想帮助您的例子，他们只是选择了愤怒粗鲁的方式而已。

这对您的孩子又会造成什么样的影响呢？不妨这样设想一下，如果您的孩子走失了您会第一个打给谁？您会想要您的孩子在他走失的第一时间向谁寻求帮助呢？家长们需要从孩子很小的时候就给他们塑造警察叔叔助人为乐的形象，告诉他们在困难的时候可以向警察寻求帮助。说起来简单，事实上很多家庭的真实情况却与此相反。我的一个警察朋友曾经给我讲述了这样一个故事：当他穿着制服走在社区里的时候，父母们经常会带着孩子上前打招呼。在第一次有家长这样做的时候，我的这个朋友便特别热情地上前与孩子说话，没想到这个时候家长却对孩子说“看到这个人了吗？如果你不听话他就会把你带走”，用这样的方式去介绍一个想让孩子在困难时寻求帮助的对象实在是太奇怪了。此后的几年，这位朋友还是会经常听到这样的“问候”，他始终想不通家长为什么会给孩子灌输这样的想法，这样下去孩子还会认为警察是帮助他们的人吗？这样做的后果是什么呢？其实已然在不经意间给孩子制造了隐患。家长们应该做的是告诉孩子，警察叔叔是在遇到危险情况的时候可以帮助他们的人，平时遇到警察的时候，家长应该指导孩子有礼貌地同警察叔叔打招呼。

随后这位警官又告诉了我另一个故事。他说在他搬到一个临近的社区后受到了完全不一样的对待，那里的父母会对孩子说他是专门制伏坏人的。孩子还会给他买咖啡，会按照父母的教导对他彬彬有礼。您认为是什么原因让两个相邻的社区有如此截然不同的态度呢？答案有很多种，然而最根本的应该是孩子的父母对待警察有不同的态度。事实上，所有的父母都应当注意在孩子面前时，自己对“权威人物”的态度。家长需要谨记在心的是，当不幸有入室抢劫、车子被偷或其他情况发生的时候，一定要在第一时间向警察寻求帮助。孩子走失，警察可以算是家长唯一的信息来源了。想受到别人的尊敬首先便要尊重别人，谨记“你付出什么，就会得到什么”的道理。

一个曾经遭遇绑架的女孩对我说，她的父亲对警察嗤之以鼻，给他们起各种各样难听的外号，说没有几个警察不腐败。这位女孩说在她很长的记忆里，从来没想过在困难的时候向警察求救。绑架这个女孩的绑匪，同样用贬低的态度看待执法部门，他直截了当地跟女孩说让她死心，警察是不会来救她的，称呼警察们为“猪”或者其他难听的名字。也许是因为之前受父亲的影响，在听到绑匪这样的话以后，这位女孩更是认定了警察是没法解救自己的。有时候她甚至都能在被困住的地方听见绑匪同警察说话。当然警察是无法知道这个女孩就在这里的，因为绑匪十分笃定地说她就是自己的女儿，甚至还同警察讲过孩子家庭教育的问题，两人还讨论送孩子去学校读书的优点等等。即使警察看得见自己，这个女孩从来没想过要向他求助或者告诉他自己的真实身份。绑架她的人自导自演了一出精彩的戏码，即使这个男人曾经有过性侵犯记录，警察也没有对这个编造的故事起半点疑心。而在整个故事中，女孩从未想过要向警察寻求帮助，这大概是最悲哀的一点了。

还有另外一个悲剧故事，一个年轻人在服用过麻醉剂之后行为变得怪异起来。他的朋友们不知道该怎么做，因为不想把自己扯进麻烦里，没有人去报警，最后将他带回家，想着睡一觉就会好，然而第二天去叫他起床的时候发现他已经没有呼吸了。试想一想，如果当时他们去向警察寻求帮助，情况会不会就完全不一样了。

路上遇到打招呼

作为家长，怎么能在巡逻的警察执勤要结束的时候，再鼓励孩子上前去打招呼呢？试着去寻找一种积极的互动关系，让孩子们可以感受到警察是应当受到尊敬也是平易近人的。去年我跟女儿在纽约玩的时候，连续三次碰上了同一名警察，询问他去面包店的路该怎么走。每次他都说与我们走的相反方向才是正确的，甚至还开玩笑地嘲笑我俩路痴，尤其是女儿。尽管这样，当我们回家以后，我还偶然听到女儿在跟她的朋友们讲述，在纽约碰上了一个多棒多棒的警察。

建立相互信任

送给执法人员的一句话：如果正在阅读本书的您是一名警察，请一定要记住自己的言行举止对青少年们来讲有多重要。虽然我们都知道小孩子们并不好对付，但他们同成年人一样也值得我们尊重。最近一名本地治安警察出现在了邻居家的派对上，原因是他们的噪声已经影响到了邻居的正常生活。我看到他直接对邻居家的孩子说道“赶紧关掉音乐离开这个地方”。这个男孩试着同警察解释，今天是母亲的50岁生日，刚才是在跟乐队一起唱着今天最后一首歌。我注意到这位警察根本没听男孩说的话，又提高了一度音量继续说道：“你最好让她出来，不然你和你的朋友们都会被送到监狱里去。”就像我之前写的那样，这种做法根本毫无作用，这个时候对话已经变成对峙。那位警察用同样的态度对我说，如果房屋主人不出现、音乐不关掉，所有人都会惹上麻烦。包括我在内的全部在场的人，都觉得他的做法太过极端。虽然那晚我们并没有在派对结束后被送到警局，但这名治安警察可以选择另外一种更谨慎的方式来处理。后来我同家人讨论后一致得出结论：这名警察算是特例，无法代表绝大部分警察。

当出现警察与民众分歧过大的极端情况时，警察便不能有效服务于他人。如果您居住的社区里发生类似情况，首先设法与当地执法单位进行沟通，可以选择更高级别的管辖区警局。然而有时他们的重点可能会放在社区关系上，我所知道的一个长官为了让市民可以联系到他，甚至公开了自己的私人号码。

“友好警察”活动

- 上网搜索可与当地警察或者消防队一起进行的活动。
- 国家警察运动/活动联盟：本联盟为防止青少年犯罪、暴力而建立，提供公民性、运动性、娱乐性、教育性活动，详情请点击http://www.nationalpal.org/。
- 拨打当地警署或者消防部门的非紧急号码，咨询是否有可以让孩子与警察互动的游戏可以参加。
- “探索执法部门”活动，也被称作“警察探索者”，这项活动为年轻人提供与当地执法部门共事的工作机会，要求八年级以上、14～21周岁的青少年参加。

没有一个警察想被扣上让孩子害怕的帽子。事实上，警力机构也同家庭生活一样会遇到各种沟通不良的问题，好在他们都会积极回复和反馈这些问题。如果还是没有效果，可以向居民委员会或者议会成员等选举代表反映这个情况，两方都应该对此做出努力。

在一次有警方和居民参加的社区会议上，本来正常进行的会议因为孩子们对警察无礼的态度而被迫中止，有两个孩子对一名新到来的警察起难听的外号，甚至还威胁他的妻子和孩子。其他社区居民听到之后，并没有谴责这个孩子反而笑了出来，还说出轻佻的话语。这样一来不仅原来存在的问题没有解决，情况反而更恶化了。很有意思的一点是，一个社区通常在悲剧发生以后才会团结起来，但如果大家之前就能够做到这一点，那么悲剧还会发生吗?

11

第十一章

尊重权威，也要学会质疑

Respecting Authority Doesn't Mean You Should Never Question Authority

即使是权威人物也会犯错，所以：

感到不对劲的时候要及时拒绝

相信自己的判断

适当划出界限

对孩子而言、尤其是年纪尚小的孩子，很难认识到在很多情况下自己的“第六感”是准确的，要相信自己的直觉判断。孩子们经常会觉得那些警戒类故事太不可思议，离自己很遥远，他们认为自己可以处理一切状况，可以识别出别人的不良企图。然而正是因为缺乏生活经验，他们大多时候都难以接受“看起来是好人”的人其实是坏人的情况。当然，如果我们总是想着电视、电影或者朋友转述的骇人故事就无法正常生活了，可孩子们的判断和认识能力还是需要得到锻炼，这样才能逐渐做到“相信自己的判断”。

据说在加利福尼亚北部的一个小镇里，有一群男孩遭遇了当地某个权威人物的猥亵。关于这个故事的版本有很多，有的说是直接性骚扰，有的则说是那个权威人物让孩子们裸体去接他扔出去的蘑菇。故事中的男孩们绝大部分都不清楚发生了什么事，他们都只是觉得荒谬好笑，但是有两个男孩感觉到了不对劲，及时告诉了自己的父母，这件事因此被制止了，而这个男人在还没有受到问责之前就逃出国了。这个故事给教育当地的孩子们提供了很好的素材，教导他们要去“相信自己的判断”，同时也成为教导孩子们要提高安全意识的案例：因为孩子们可能会想“我是绝对不会做那么荒谬的事的，一定会在第一时间发现那个人的不对劲”。而事实上，很多人都会利用自己的职位权力侵犯孩子，包括以教练及长辈的身份去强制孩子。孩子们需要形成这样的意识，只要是他们感觉不对的事情都可以拒绝，要学会相信自己的第六感。

老师的任何做法都是正确的吗？

在前面的章节中曾经提到要与警察友好相处，事实上的确应当如此，但同时也要鼓励孩子可以去质疑警察等权威人物。乍看之下这个前后相悖的说法很难理解，更不用说要用这样的理论去教育孩子了。事实上，我们每一个人都应该尊重权威人物，但同时也要记住他们其实也是平凡人。这时如果您停下来回想一下，也会记起好多类似的画面。比如说我们也会有不想按照医生的想法去做的时候，老师们说的也并不全都是正确答案，又或许您最近从新闻中了解了一些并不认同的决策。所以当我们在聆听权威人物讲话的时候，不但应该坚持自己的判断，还要学会用自己的观点去分析。请记住那句老话：“怀疑它就去证实它”。对于权威人物，我们更多地鼓励大家秉承批判的态度，而不是一味盲目地接受和顺从。

同时我们大多数人都会教育自己的孩子要有批判精神。对于孩子而言，往往是在自己被炉子烫过之后才学会不要去碰炉子这个道理，而不是只要家长说过“小心会烫到你”就会理解。先思考，后行动。对待权威人物也是同样的道理，这才是引导孩子养成批判精神的本质。

学会设限和拒绝

对于年纪还小的孩子来说，您可以从帮助他（她）理解学会划清界限入手，包括身体上的界限和心理上的界限。也可以鼓励孩子去认识自己的身体，了解哪些是隐秘的部分。告诉他们如果不喜欢被捏脸就拒绝，不喜欢坐在别人的腿上就学会说“不”，同时也要教导他们不要攻击别人，而是要学会尊重别人的界限。您可以利用当您在浴室里孩子过来敲门的时候这么教育他们。这样当他们坐到您的书桌旁就会意识到这是您私人的书、文件、钱包，需要得到尊重。这不是为了看起来更有礼貌，是为了让孩子可以理解并且尊重别人划出的界限。如果孩子能听到“拒绝”，他们自己也就会学会拒绝。要让孩子知道适当地设定界限是可以的，不想坐到埃尔默叔叔的腿上就拒绝他，超市里过分热情的售货员也可以忽略。孩子应该知道拒绝别人是一件很正常的事情。

有时候动物也是很好的老师，比如猫就是很好的儿童教育老师。大部分的猫如果自己不乐意，是不会允许别人把它抱起来的，它们会跑到一边躲起来。同时猫有时候也会抓人挠人，这也可以看作设定界限的一个标志。如果在家里养一个宠物或者去有宠物的家中做客，这都会成为很好的学习经历。事实上我正在养一只小腊肠狗，大多数情况下它都是很招人喜欢的，但如果它不想被抱起来，就会发出一种奇怪的声音，就会让想接近它的人不自觉地后退。如果客人没有注意到它发出的信号，它就会提高音量。这个有趣的例子可以让孩子学会在不舒服的时候就要适当地设定界限、表达反对意见。

然而不是每个人都喜欢或者能够在家里养宠物，如果您的情况也是如此，那么用动物来教导孩子学会设定界限的难度就会更大一些。

“划定界限”小提示

- 不要轻易动摇。
- 可以用委婉的方式来表达，比如给孩子“在完成作业后就可以去朋友家玩”这样的承诺。
- 答应孩子给自己设定一些简单的界限的要求，比如“进他（她）房间前要先敲门”等等。
- 要记住如果您能够设定清楚的界限，孩子会更有安全感。
- 切记不可让设定好的界限成为摆设。

用理性丰富自己的直觉

还可以怎样去教导孩子分辨哪些行为是正确的，哪些是不正确的呢？家长可以让孩子先尝试着去回答他们自己的问题，思考其中的原因，这其实就是一种有效鼓励孩子相信自己的决定的方式。如果所有事都是家长替孩子决定，那么孩子永远不会有机会从自己的错误中学习，并且如果家长能够经常指正孩子的判断，孩子们才会学会不要永远依靠“本能”去思考。大多数两岁到五岁间的孩子还没有分辨能力，总是会缠着你问“为什么会这样”“为什么不这样”“为什么晚饭前不能吃甜食？”“为什么不能在墙上涂画？”“为什么不能随便拿别的孩子的玩具？”然而当孩子过了这个阶段，家长就应当去鼓励并且支持孩子自己做决定了，并且要对他们的决定以及所设定的界限给予理解和尊重。

第一步，就是要让孩子解释自己做出这样的决定原因是什么，下雨的时候不要只是告诉孩子穿上雨衣，而是让他（她）自己判断要不要穿。先要让孩子知道已经下雨了的事实，再让他们自己去选一件外套。如果他们选择了一件夏天穿的薄外套而没选雨衣，家长就可以问一下这样选择的原因，以及让孩子去思考还有没有更好的选择。是的，这种询问方法可能会让孩子感到厌烦，事实上家长也不要一直这样无休止地问下去，偶尔在时间充足的条件下使用这种做法就会事半功倍。其次，可以允许孩子犯适当的错误。回想一下在您14岁想穿运动衫去踢球的时候，可能一出门就会感受到天气寒冷，一下就会理解为什么父母要让自己多穿一些。实践是最有效的课程，但家长要在旁边控制着孩子实践的危险性。一个孩子如果在十四岁的时候知道出门要穿暖和，在17岁的时候就会更好地判断坐某个朋友开的车安不安全。

时间在不知不觉中流逝，家长越早开始与孩子的沟通教育越好，无论在什么时候都要鼓励孩子自己去做判断。很多年前有一个名字叫作苏的孩子，给我讲述了她同朋友凯特以及凯特的父亲一起外出吃饭的故事。他们当时去了一家不错的餐馆，吃了大概一个半小时后，凯特的父亲因为喝了两杯红酒便有些醉了。苏意识到吃完饭后他还会开车送自己回家，便起身离开了座位，走到服务台前借用了电话。她打给了自己的妈妈告诉她自己有些不舒服想先回家，母亲同意后就开车过来接她。

苏告诉母亲凯特的父亲在吃饭的时候喝了酒，出于安全考量，母亲主动提出要载凯特回家，但是凯特拒绝了，整个气氛开始变得有些尴尬。随后凯特跟她父亲先离开了，后来苏在途中发现他们的车被巡警拦在一边。这个故事的结局是凯特的父亲被送进了警局。

鼓励孩子自己做决定并不意味着胡乱判断，相信自己直觉的第一步就是用理性丰富自己的直觉。

不盲从的父母才有不盲从的孩子

在让孩子学会做判断的过程中最困难的一步大概就是，让他们分辨什么时候该听取权威人物的话、什么时候可以质疑他们。帮助孩子判断，家长首先就要重新审视自己对所谓“权威人物”的定义与认识。您是持一味相信他们的态度吗？您能接受所谓权威人物也并不完美这一点吗？您知道如果教导孩子去一味听从权威人物的话会有什么样的后果吗？孩子都会模仿自己父母的所作所为，如果父母本身就质疑警察，那么他们的孩子遇到困难时是绝对不会向警察寻求帮助的。一个从来不质疑宗教人物或者体育明星的家长，他教育出来的孩子也一定是这样的。在很多虐待儿童的案例中都体现了这一点，一个曾经遭受过虐待的孩子长大之后很有可能就会去虐待别人。经调查显示，很多罪犯都是在盲从相信权威人物的环境中长大的，不论权威人物做出了什么样的决定，他们的父母也只会盲目地听从。

家长要帮助孩子去分析理解隐藏在每个决定背后的原因和故事，鼓励孩子独立思考，感到情况不对的时候要及时地说“不”，如果有必要是可以要求对方给自己一个解释的。不仅如此，还要鼓励您的孩子多与自己或者家长信赖的人交流自己的想法和经历。

12

第十二章

适当扔掉礼貌

Know When NOT To Mind Your Manners

告诉您的孩子这样做是没关系的：

避开不认识的人

感到不适果断地说“不”

遇事先得到父母的允许

相信自己的判断

等一下！这时家长可能会有这样的质疑：先是让我教育孩子对警察有礼貌，然后又让我叫他们大胆挑战老师或者教练的权威，而现在又说可以扔掉礼貌。究竟哪种做法才是正确的?

“无礼”有时对安全很重要

如果我们试着从安全层面出发去理解这句话，就会发现它的合理性。前面我们总是在讨论理性思考、沟通、灵活运用知识，知道了遇到困难的时候要向警察寻求帮助，要相信自己的内心不畏惧挑战权威人士，要学会评估当下环境，提高安全系数。任何事情——不论是权威人士还是含有高危险系数的过激行为，都需要经过理性判断，否则就会有产生安全隐患的可能。

当然父母们还是要教育孩子去学会与这个世界友好相处的，比如说碰见陌生人的时候要打招呼要握手，碰见认识的人可能也会拥抱、亲吻面颊甚至会要求坐在他们的腿上，尽管孩子们可能根本不知道他们是谁。家长也会告诉孩子们学着做一个体贴、考虑周全的人，一定要回答别人的问话，尽最大可能地去帮助他人。这些讲礼貌又温顺的孩子们自然很高兴这样去做，但殊不知这也为孩子埋下了安全隐患的种子。这就是为什么要让孩子知道有些时候他们可以并且应当去忽略这些“礼貌法则”的原因。

教会孩子机智地“粗鲁”

就像我们在前一章中讲到的一样：“如果不喜欢就可以不去坐在埃尔默叔叔的腿上”，进一步阐述，就是如果您的孩子不想跟陌生人说话的时候就可以不说，不想帮忙的时候也可以不帮。这不是没有礼貌的表现，而是正确保障自己安全的行为。

我也曾在其他场合说过，家长们应当去这样教导孩子：看见有车往路边开的时候就一定要闪开。这里有人会说“这不过是调车而已”根本没有关系，但出于安全考虑还是应该赶紧让开，如果条件允许可以穿过马路到对面去，而不是等着司机或乘客先向你开口。事实一次又一次地证明，虽然我们警告过孩子跟陌生人说话会有危险，但当陌生人先开口跟孩子说话，孩子就会将你的警告抛之脑后。为什么呢？因为他们一直以来受到的教育都是要表现得有礼貌。

对孩子们来说，最难过的事情大概就是心爱的小狗或小猫走丢了。经录像显示，在大多情况下，孩子们都会忘记父母所教导的不要跟陌生人说话这一点，去帮忙找丢失的小狗。孩子们为什么会这么做呢？因为他们都是活在“当下”，行为动作都是由当前的意愿所驱使的。同时他们受到的教育就是要乐于助人、尊重老人，这两点再加上寻找小狗的强烈愿望，他们可能就会忘记“避开陌生人”这个规则。所以家长应当要不时地提醒孩子这一点，在实践练习中不断进步，同时也要解释当有陌生人去找他们寻求帮助的时候，要先同家长讨论。如果您的孩子已经是大孩子了，就告诉他们其实根本就没有丢失小狗这回事，那都是想骗他们过去的借口；倘若孩子还很小，那就告诉他们如果有人要他们帮忙找丢失的小狗，一定要先跟父母说明。

那么家长们应该怎么做呢？答案当然是练习、练习、练习。

练习，当然是越贴近现实越好。把孩子交给一个他不认识的人，让他向孩子寻求帮助，这时候就在旁边观察孩子是如何反应的。当车慢慢停下来的时候孩子是主动走到车边搭话还是迅速地离开？如果孩子没有快速地从车旁边离开，那么就要同他讨论这样做的原因是什么了。这时候父母不要吓唬孩子，要慢慢地引导他，告诉他（她）很多时候是可以不用那么在乎礼貌、是可以拒绝别人的。

不要过分在乎礼貌

过去的两次经历让我充分理解到了“不要过分在乎礼貌”这

一点。一个是发生在我的孩子身上，当时我的一个孩子正单独在家旁边的空地上玩，因为是住在乡下，邻居也经常对孩子放任不管任由他们到处玩耍，所以我便也放松了警惕。但是就在那一天，我开始对我的疏忽大意产生了愧疚感。孩子突然走进屋说一个人给了他一个电话号码，这个人车没有油了，想让孩子帮忙加点汽油。站了一会儿我便意识到现在不仅是被陌生人“盯上”了，而且还塞给孩子一个写的乱七八糟的号码近距离接触他。我一下子冲到了门口，已经做好准备要与这个人对峙了。孩子看起来有些羞愧，事后我花了一个小时的时间来跟他解释自己的担心和当下会那样反应的原因。然而奇怪的是当我出去找那个男人的时候他已经不见了。难道是他拿到油了？还是被我吓到了？或者等烦了？有其他人来帮助他了？结果就这样不了了之了。

另一个是关于自行车和陌生人的故事。有一天我第二个继子突然冲进屋里对我说，门外有一个开着红色卡车的男人让他上车，对他说车上有一辆崭新的自行车想处理掉。儿子站在街的另一边，那人冲他喊道：“你喜欢这辆车吗？”他迅速思考了一下感觉不太对，便跑回来对我说了这件事。我向窗外看去，确实看到正在开走的卡车上面放着一辆自行车。同上个经历一样，这人没有多加逗留，我也便没有了询问的机会，或许他可能是真的单纯地想处理掉那辆自行车，尽管我很怀疑。还好孩子能够想到先与我讨论，对于这一点我很是欣慰，事实是怎样我也不再纠结了。

我的一个朋友最近对我讲了一个很有意思的故事，是关于她十二岁的儿子的，这个故事与当地面包店里的一对“友好夫妇”有关。这个孩子习惯每周六的时候在面包店里和朋友见面，然后再外带几个面包回家。这家店坐落在这座小镇里一条繁华的街上，朋友觉得环境不错也答应孩子可以自己过去。事实上朋友也很认同让孩子在安全环境中锻炼的观点，而且在孩子也自己步行去那里的六个月里都没有发生意外。

有天上午下起了雨，朋友就想开车送孩子过去，看着他跑进店里面自己就坐在车上等着。等了十分钟后逐渐没了耐心，于是朋友就想进去看看孩子到底在里面做什么要这么久。一进门就看到儿子跟他的朋友正在跟一对中年夫妇坐在一起。那个中年男人正在朝这两个男孩展示一种纸牌游戏，孩子们看得非常认真出神。看到这幅画面后，朋友起初并没有多想，但是当孩子站起来对那对夫妇说了一句“下周见”的时候就感到了不对劲，脑海中立马浮现了之前我曾给她讲的关于我的继子（是的，正是前面故事里的那个孩子）在商场里见到一位好心的男士的故事。

这位男士曾经两次带我十四岁的孩子去吃麦当劳，并且告诉他如果想一起吃饭或者看电影，可以在“任何时间”给他打电话。孩子觉得这个男士可能是策划了一个“免费午餐”的计划，他就把这件事告诉了我。我的反应跟平常一样，这次还是扮演了一个扫兴的角色，告诉他这件事看起来非常奇怪不靠谱，让他删去那位男士的电话号码。几番讨论之后，儿子也意识到了确实有诡异的成分在里面，随后就删了号码。后来孩子跟我说他又曾经碰到过这个人几次，从身边走过他都完全没有认出自己。我由衷地表扬了孩子在这件事情上表现出的“无礼”，并且为他没有透露自己的号码感到十分欣慰。

重新回到面包店的故事上：朋友脑海中闪过我儿子的故事之后，便决定要与这对看起来与孩子十分熟悉的夫妇见一面。她走上前去做了自我介绍，接着便询问他们是不是刚搬到这个镇子上来，得到了肯定的答案。这对夫妇看起来很友善，但是当发现他们自己说出的家庭住址不一致的时候我的朋友便产生了怀疑，她开始十分好奇这对夫妇到底住在哪里。

回家的路上，孩子告诉朋友他与这对夫妇已经认识两个月了。那时候这对夫妇在同两个孩子进行了长时间的对话，讨论了关于棒球和男生服饰的话题，然后他们又买了热巧克力。第一周的时候孩子们拒绝了他们，但是当到第三周的时候他们便接受了这对夫妇，认为如果现在还谈不上“认识”就太没有礼貌了。最重要的是孩子们很享受同夫妇聊天的过程，因为他们很了解棒球等一切12岁的男孩会关心的问题。然而当那个妇人在要求他们在周六的时候把“女朋友”带到这里的时候，儿子的朋友感到了不对劲，但是在之后的两个月他们还是会这样规律地在周六上午见面。朋友把这件事告诉了她的丈夫，丈夫则认为是她反应过度了，毕竟都没有什么不好的事情发生。而关于他们说不出自己家庭住址这一点，丈夫给出的解释是“新地址总是很难记住”，他们困扰的地方可能只是个误会。可事实上，从棒球转移到女朋友身上，话题是否真的转换得太快了？

在下一周的时候朋友提议要与孩子一起过去，虽然遭到了男孩们的拒绝，说他们已经不是小孩子了，但朋友还是坚持去了。到了面包店以后发现那对夫妇并不在那里，事实上在接下来的三个星期他们都没有出现。这是否意味着对孩子有潜在的危险呢？当然没有人知道答案是什么。也许他们只是在减肥不吃麦当劳了，又或者他们本来确实对男孩们有些想法，又受不了要不停地回答他们的问题。但是，推测夫妇的动机不是最重要的，最重要的是要让孩子们了解正是因为他们的“礼貌”差点把自己置于危险之中。

理解灰色地带的存在

很多孩子都是在严格、“主权制”的家庭环境下长大的，这些孩子的父母通常都拥有绝对主权，要求孩子无条件地接受他们的决定。这种教育方式对于工作繁忙的家长来讲不失为一种省事的方法，尤其在孩子小的时候会感觉格外省力，但同时也会制造一些安全隐患。

如果您要求孩子完全按照您的要求去做，那么又怎能教育他们学会去挑战甚至与权威人物抗衡呢?“什么?”也许您会问,“我只是想让我的女儿能听我的话而已。”当然,孩子肯定是需要听父母的话,她应该按照您的指示去做,但是随着她逐渐长大,她需要学会自己思考判断。因为这是让孩子学会面对安全状况时能够灵敏反应,保障自己安全最重要的一步。做个有礼貌的孩子是没错的,做个按照父母的吩咐去做的孩子也是没错的,但是训练孩子出于礼貌就要按照所有成年人的话去做事是错误的。家长不可能每时每刻都跟孩子在一起,所以就应当去培养孩子学会独立思考。

家长要告诉孩子生活不是处处都充满阳光的,所以应当学会自己面对各种困难和复杂的局面。如果遇到奇怪的事情,比如说老师或者教练突然送给自己一辆自行车,或者陌生人突然特别关注自己,那么就应当引起特别的注意与思考了。不是所有的事情只有“好”或者“不好”这两个简单笼统的答案,您作为家长应当鼓励孩子向自己提问,但也要鼓励他们去自己思考,而不是等到孩子十六岁的时候再去问他:“如果别人都从悬崖上跳下去,你也跳吗?”其实最正确的做法就是从孩子很小的时候就灌输给他们独立思考、深入思考的重要性,而这可以从教导他们有时可以不用“在乎礼节”开始。这样就相当于开始给他们讲解要按照不同场景具体分析的规则行事,而家长也应当去赢得孩子们的信任。比如说,学生们应当相信和听从老师们的话,但还是要鼓励他们去独立思考。要告诉孩子随时提问是可以的，老师会保留他们的意见，权衡各种建议要求之后选择最恰当的。并且最重要的是要让自己与孩子以及孩子之间的对话能够足够开放，在回答他们问题的过程中引领他们成长为观念健康的人。

13

第十三章

你怀疑有安全隐患时，该怎么办？

False Allegations

如果您怀疑有诱拐儿童情况发生时：

首先确认自己与孩子的安全

用安全等式来思考

将其报告给相关部门

不要妄下结论

不要妄下结论

编写此书时就曾经考虑到，这本关于孩子安全题材的书，可能会在一定程度上引发一些家长的胡思乱想，因为事实上我们大家都有这样的倾向。比如说我的姐姐，就曾在当地的一个健身房里以为自己亲眼目睹了一个安全事故。那天健身房里有八个男高中生在运动，与此同时姐姐还注意到有一个看起来很奇怪的男人一直在盯着这些男孩看。姐姐觉得这个男人一定是故意做一些动作来吸引他们的注意，比如说举重或者刻意做一些展示力量的姿势。“啊！”姐姐想着，“竟然在我的健身房里碰见变态！”

过了一会儿这个男人朝其中的一个男生走了过去，问他是跟谁学会这个举重动作的。男孩回答了问题以后这个男人并没有离开，反而接着给他讲起了举重技巧。“噢，他怎么敢当着我的面这么做”，姐姐没想到在这个小小的镇子里也会有这样的事情发生，于是就思考着下一步该怎么做。

然而最后她却发现这个男人是这些男孩的教练。

另外三个男孩朝他走过去打了招呼，又问了他几个关于健身的问题，这样一切就都看起来正常了。作为教练，他当然应该来指导并监督他们健身，这是他的工作，他需要不时地观察他们的成果，给予指导。

这个经历给姐姐好好地上了一课，让她明白了永远不要急于得出结论这个道理，不要在不知道事情前因后果的时候就给无辜的人扣上帽子。

阅读到这里希望您不要曲解我的意思，当孩子感觉到自己的安全无法保障的时候，他（她）一定要学会自己及时作出反应来保护自己，这是我想要传达的主要信息。要让孩子学会在过马路的时候观察路况，不要随便去帮助陌生人寻找丢失的小狗，更不要随便搭乘陌生人的车，该拒绝的时候就要坚决地说不。但是我们也需要认识到，安全问题远不是一个可以简单概括为斥责别人的问题。事实上，也的确会有司机找不到路、小狗的主人的确需要帮助、陌生人也没有任何恶意的情况存在。以上每种情况的发生都值得我们更多地思考调查，而不是直接得出结论，我们要相信相关部门、过去的经验教训以及相关知识可以保障我们的安全，不要武断地做出任何指控。

还曾经碰到过这样的情况，据报道有一对双胞胎男孩被自己的外祖父性骚扰，在随后复杂的审判过程中不断出现了越来越多的问题。双方律师都已深入调查了其代理人的观点，一方面，男孩们的心理咨询师从孩子们的行为习惯中得出骚扰事实存在的结论；另一方面，邻居、专家以及部分亲戚则都认定孩子的祖父是无辜的，然而他的女婿（孩子的父亲）却十分肯定地说外祖父是一名性侵犯者。他公开表示孩子们受到了侵犯，十分确定妻子的父亲触犯了法律。最终调查结果出来后令所有人大跌眼镜，这个事件最初竟然是因为一位70多岁的老妇人匿名拨打给当地的反儿童虐待热线，声称这对双胞胎被自己的外祖父调戏。起初男孩们并没有弄明白事情是怎么回事，慢慢地他们也开始声称受到外祖父的性骚扰，事实上则是他们被访问的次数多了以后竟然自己也就这样认为了。

这则案件的关键之处在于男孩们的心理咨询师的陈述。治疗师说在她第一次见到男孩们的时候没有在他们身上见到任何被虐待的痕迹，但是在警察第二轮审问以后就发现男孩的行为举止开始有些异常。在随后新一轮开庭时她举出例证来说明孩子们和抚养他们长大的外祖父感情很亲近。她说她曾经在等候室里看见孩子们紧紧地挨着外祖父坐着，这一点引起了她格外关注，因为在她看来这对男生来说并不是一个常见的动作。另外她还指出其中的一个男孩在那一年体重快速增长，而体重的增长则正是被性虐待的一个标志。

除了没有明确的研究表明体重增长与性虐待有关，而孩子习惯性地去同自己的父亲或者外祖父坐在一起也是一件很正常的事情。那么是心理咨询师有意在误导警方吗？孩子在受到性虐待后体重可能会增长，然而刻意让孩子与祖父亲密也是有可能的。但若依据这些假设就草草地结束诉讼是完全说不通的。

就这对双胞胎男孩的例子而言，事件的发展与最初的设想大相径庭。审判过程中造成孩子的父母分居，案件最终以证据不足取消对外祖父的指控。然而这个结果并没有消除家人和朋友对孩子外祖父的怀疑，此后都不愿让孩子们与他共处一室。虽然依据《梅根法案》，孩子的外祖父并没有被判为侵犯者，但他却被当地看作有性侵犯史的人。若当时有另一种说法出现，事情可能会出现转机，毕竟这样的结果对这个家庭而言是一个损失。

在很多离婚案件中，指控往往都被父母双方看作一种武器。一旦有指控消息，双方都会变得谨慎小心。问题就会渐渐凸显出来：如果真的发生了呢？如果没有发生呢？法官、心理咨询师、家属和律师都需要一段时间将整个事件整理出来。我曾经接触过很多卷入离婚大战的客户，有时候到底有没有侵犯孩子答案很明显，然而有时候，却无法确定到底有没有发生过。

什么时候该报警

并不是当有安全隐患出现的时候就要去指控。您是否已经在怀疑孩子周围的教练、老师或者其他人是否安全？去和孩子聊聊吧，慢慢地让孩子做到能够避开与他们单独相处。当家长开始对孩子周围的环境产生怀疑的时候，便迈出了保护孩子安全的第一步。若仅仅是怀疑的程度还称不上指控，但是作为一名监护人应该清楚地了解发生了什么事以及事情发展的态势。这里需要再次强调，一定要与孩子共同学习本书里列出的安全条款，好让家长或者其他监护人时时刻刻知道孩子在哪里、跟谁在一起、刚才做了什么以及接下来要去哪里。让孩子提高警惕，遇到事情要理性批判和思考。本书多次重复的核心内容仍然是“沟通是王道、教育是力量”。要在同孩子敞开心扉聊天、了解事情的真实情况之后，通过合法的途径向相关机构如实地反映情况。当您信心满满地保证孩子的安全没有问题的时候，一定要再多考虑一下哪些事情是您所知道的，哪些又是您所不知道的，您可以选择同谁沟通，要以这些问题为基础去考虑下一步该怎么做。果断又准确的反应对孩子安全而言也是十分重要的，深思熟虑之后再决定是否要对某些不恰当的行为进行上诉。

举报不良行为途径

- 联系警方。
- 联系儿童保护服务中心。

从这些案例中取经

在今天，各类关于老师和教练侵害儿童的新闻铺天盖地，但只有一部分的当事人为他们对孩子所做出的无耻行为付出了深刻代价。与此同时，可能同一报纸或者新闻节目里面又会出现大肆赞扬这个学校以及其所取得的成绩。当然没有人会否认老师是辉煌成绩背后的无名英雄，他们收入并不高，但是在孩子性格形成的时期对他们的成长产生了深刻的影响。若他们尽职尽责，又长时间与孩子待在一起，很容易同孩子形成十分亲密的关系。此外，运动员临场发挥的好坏不仅仅是由身体状况决定的，同时也受心理因素的影响，时时刻刻都要需要与心理压力、成功的喜悦、失败的恐惧作斗争。通过与教练建立亲密的关系对培养出色的运动员甚至国家冠军、奥运明星而言是很重要的。但是也不能排除遇到“变态”教练的可能。

对很多孩子而言，教练这个角色的出现是在初中或者高中的时候，或者准确地说是在孩子开始有意识与父母区分开来并且开始质疑大人说的话的时候。当孩子开始进入到这个年龄段时，您需要认真同他（她）交谈该怎样与成年人正确相处这个问题，其中包括应该清楚在哪里划出界限。首先家长要准确地告诉孩子哪些是与成年人相处的过程中正确的行为，哪些行为又是不正确的，其次要告诉孩子如果他（她）能够把最近发生的不愉快的事告诉自己就可以免除惩罚，这样孩子们就会愿意更多地与父母分享。总而言之，沟通才是关键。

面对模糊的界限

遇到下列棘手的情况时你会怎么做？

• 教练想要单独带你十五岁的女儿去她最喜欢的乐队的演唱会，说这是她作为他最得意学生应该得到的奖赏。

建议：如果教练说带女儿去演唱会是一种奖励的方式，您应该礼貌地表达这种做法可能并不太合适的看法，而自己带女儿过去会更好一些。

• 六岁的女儿告诉您她不喜欢坐在埃尔默叔叔的腿上，虽然她很喜欢这个叔叔但却不喜欢他老是用这样的方式逗自己，女儿还同您说不要把这件事告诉任何人。

建议：告诉女儿您很高兴她能把这件事告诉自己，并且对她说下次叔叔如果再这样要学会直接拒绝他。要让女儿知道埃尔默叔叔出现的时候妈妈不会走远，会在附近观察着他的动作。同时让女儿对埃尔默叔叔说很高兴他能来看她，但自己并不太想坐到他的腿上。教导女儿在不犯错的情况下要坚持按自己的想法去做。

• 您虽然平时会参加儿子学校里的志愿者活动，但并没办法在上面投入很多时间。然而很多时候其他孩子的父母会擅自让你参加活动并且自作主张说“我们知道您不会介意的”。事实上，您很介意。这打乱了您正常的家庭生活，减少了自己同孩子相处的时间，虽然儿子很高兴您可以这么做。

建议：告诉儿子您很爱他也愿意为他付出更多，但是这需要一个界限。从现在开始，您只会去做在自己时间允许范围内的事情，并且让其他家长了解您只会参加自愿去的活动，不会再像以前一样“被迫参加”了。

安全公式对于这个年龄段的孩子来讲十分适用。拿一个女高中生垒球运动员的故事来看，她的教练认为她非常有天赋。讲到这里似乎还没有什么问题出现。渐渐地这个女生成了队里的明星级队员，教练开始额外花时间来培养她。讲到这里也只是说明在放学后多在垒球场上待一段时间而已。好吧，优秀的运动员+看好她的教练+公共区域=安全范围。

我们来假设女孩的母亲也认为自己的女儿应当受到这份特别的关注，毕竟通过这样的训练她可以得到大学奖学金，甚至还可能参加奥运会。母亲从教练和其他同学那里听说过自己的女儿很“特别”，女孩自己也能感觉到，所以训练十分刻苦认真，并且甚至会经常同教练通电话，保证教练在需要的时候可以在任何时间都能联系到自己。

之后教练逐渐增加训练的时间，又建议在泳池里通过水疗法增强女孩的力量。教练说自己家里有一个泳池，如果在那里练习便不会受到其他人和事物的打扰。顺便提一下，这个教练刚到这所学校不久，并没有什么人了解他。他看起来人不错，而且也可以这样想，学校是不会为学生们聘请危险性高的老师的，再者，她的女儿确实很有天赋，如果可以得到大学奖学金就会实现质的飞跃。噢噢，事情到这里开始变得有些稍稍复杂，但还没有违背安全公式，只是关于“新教练”这一点可以提出一些疑惑。让我们关注一下这个变得更加倾斜的安全等式：女孩在开始了水疗之后似乎对打垒球失去了兴趣，把手机设为静音，也不积极参加训练了。现在再来看一下等式：看好她的新教练+私人训练时间+突然失去练习热情的运动员=到底发生了什么=潜在危险。

故事发展到这里其实就应当敲响警钟了。后来垒球队一起外出游玩的时候，教练看起来很担心自己的这个明星学生，甚至提出让她去自己的房间里“好好地睡一晚上”的建议。教练同时也对孩子母亲说，如果她想让自己的女儿成功，就应该学会放手，女儿却表示“不想谈论这件事”。事情到这里似乎真的需要敲响警钟了，这时就需要搜集这整件事的信息、进行各方讨论。

如果这位教练是一位没有任何不良记录、得到铺天盖地的褒奖并且全心全意去教导学生的教练呢？如果是一名女教练呢？如果母亲从女儿朋友那里听到孩子曾经因为被其他队友妒忌受到欺负，所以这只是教练的保护行为呢？如果女儿又发誓说什么都没有发生呢？然而作为母亲，什么时候采取进一步的举动是正确的呢？什么时候向其他相关部门寻求帮助是正确的呢？

一位肯为刚满十五岁却突然对运动失去兴趣的天才运动员花很多额外时间的教练，是不是就可以同危险画等号呢？那么没有任何不良记录、竭力保护受到他人欺负的自己的得意弟子的知名教练又等同于什么呢？随着了解到的信息越来越多，安全等式时时刻刻都在发生着变化。

这是发生在我一个客户身上的真实事情，还好后来并没有严重后果出现。当教练表示想单独见她一面的时候，她把自己的怀疑告诉了母亲。母亲也对此产生了怀疑，然后向学校寻求帮助让其多注意这位教练的行为举止。母亲只是表现出想多了解一些信息，并没有急于自己得出结论或者控诉这位教练。事实上，后来发现这位教练曾经有过在另一个州对一位十四岁的女生实施强奸的记录。还好这位客户因为自己和母亲的警觉性而避免了成为第二个受害者的悲剧，母亲用正确的方式保障了女儿的安全。事情传出来以后很多人都十分震惊，这个故事的后续发展便是女孩在一所很好的大学里度过了自己灿烂辉煌的垒球生涯，如今成为一名垒球教练。

那么，什么样的做法才是正确的呢？怎样去界定“过度反应”

和“放松警惕”呢？当父母开始产生怀疑之后，应当去了解更多的信息，了解事情究竟是什么样的，同时必要的怀疑和警惕也会让有自卫意识的孩子更好地去保护自己。这里再强调一遍，家长要多与孩子沟通，引导孩子阅读本书中安全协议的部分。父母们应该了解这个安全公式会随着不同的对象、不同的地点有所改变。孩子平时要多提高警惕，遇事多思考，发现情况不对的时候要及时向其他人寻求帮助。这则垒球教练的例子就告诉我们，应当在确保孩子安全的基础上，更多地了解事实。仅靠怀疑虽然不足以提出上诉，但足以让家长保障自己孩子的安全。

14

第十四章

爱是保障安全的力量源泉

Love Equals Strength

保障孩子安全的几点要素：

沟通是关键

教育是动力

爱是力量

爱是唯一的力量源泉

通过前几章的阅读或许您已经了解到家长的言行举止会给孩子带来潜移默化的影响。小到运动鞋大到珠宝，很多孩子也会从家长买给自己的东西中逐渐养成相似的品位。但或许您还不知道，这些行为同样也会对孩子的性格、能力以及能否自立产生深刻的影响，原因是什么呢？因为再也没有比父母无条件的爱更能让孩子充满自信地成长的东西了。

在遭遇不幸境遇的时候，爱是唯一的力量源泉，无数的求生者都是靠着信念的力量战胜逆境重新站了起来，即使是无信仰者也会靠着爱的力量继续走下去。我的一个客户，曾经有过女儿被绑架的经历，她对我说如果早点把对女儿无条件的爱告诉她，让她相信无论如何母亲都会保护她、都会救她就好了，她后悔没有早早地告诉女儿永远都会在身边支持她。因此，不要再拖了，现在就去告诉孩子爸爸妈妈有多爱他（她）。事实上，如果父母不停止地对孩子这样说，无论孩子去哪里、做什么，这份爱都会一直陪着他们。这个客户就对此深陷后悔之中，后悔哪怕有一次说爱她也好。后来意外发生了，孩子的父亲在违反抚养条款的情况下强行将她带出国，她开始感到深深的愧疚。“我的女儿总是感到孤单，而我没法为她做任何事。”她这么对我说道。当她的女儿重新回到她身边的时候，她学会了去准备晚餐，营造专属于母女两个人的回忆。当这位妈妈对女儿说出爱她的时候，女儿告诉她：“妈妈，当我感到难过的时候我就一遍又一遍地回想这个画面，就像您在我身边一样。我知道您一直都会在那里等我。”

如何向孩子表达爱

孩子在感受到父母无私的爱的情况下也会学会爱自己，遭遇困境的时候这份爱就会带来力量，让他们重新站起来。父母们经常会想孩子们是不是可以理解这份无条件的爱，有时候又想会不会在孩子看来这份爱会因为考试成绩下降而减少，比如说数学考试只得了97分的时候。事实上，父母对孩子的爱在任何情况下都不会改变，即使是在被他们气到抓狂的时候也不会有一丝一毫的降低，因此这样的假设就显得没有必要。孩子还需要家长更多的关心与鼓励，他们会担心自己是不是做得不够好，担心自己的决定会不会让爸妈失望。曾经有过一个真实的悲剧发生，一些女孩在被强奸以后又受到威胁，说如果没有按要求去做，这些不雅照片就会发送到她们父母那里。而孩子怕父母知道之后就不会像以前那样爱她，所以选择了保持沉默。如果孩子早早就知道父母对自己的爱是无条件、是永远不会停止，情况会不会有所不同呢？

对孩子而言，父母的反对意见是一把双刃剑。因为对这些反对意见有恐惧心理，所以孩子会避免去做一些琐事，但同时也可能会让孩子变得不自信。如果一个孩子无法做到相信自己，他就无法全身心地投入到自己该做的事情之中，也可能会产生“我做什么都无所谓，因为根本不会有人在乎”的想法。所以大声地向孩子表达爱吧，告诉孩子他们的存在对父母有着怎样的意义，告诉他们父母永远都会在身后支持自己。如果父母学会用爱与尊敬对待孩子，孩子就会用同样的方式对待自己，学会自爱与自尊，这对孩子甚至对父母自身而言，都是可以受益终生的。

那么这样做会不会有负面的影响呢？完全不会。尽管一遍一遍地对孩子或者青春期的少年们说爱他可能会有些尴尬（或许会有作秀的嫌疑），可还是要这样做。这并没有给孩子们随心所欲去做自己想做的事提供借口，也不是纵容他们养成坏习惯，事实上孩子坏习惯的养成与家长如何对他设限并没有什么联系。但是这份爱却是可以照亮孩子整个世界的力量。对孩子而言即使遇到再大的挑战，爱都是解药。

“说出爱”的小招式

- 直接向孩子表达对他们的爱。
- 不时地拥抱和亲吻孩子，尤其是在他们要出门的时候。
- 养成给孩子留便条的习惯。
- 多与孩子待在一起，游戏或者做饭都是不错的选择。
- 停下手中的活，仔细地聆听孩子说的话。
- 尽最大可能一起共进晚餐。
- 多多展示孩子的创意成果。
- 鼓励孩子去追求梦想。

具体又该怎么做呢？爱往往需要通过语言及行为动作来表达，而多数父母对这两点往往都是不假思考完全凭直觉说话做事。如果父母们可以再多加思考一些，孩子们可能更容易发现这份爱的存在。当然这也随家庭环境的不同发生变化，或许出于并不愉快的离婚或者其他原因，情绪低落的母亲可能没有办法积极地向孩子表达对他的爱。但是在这样的条件下，对孩子说爱他（她）可能是可以为他（她）做的最简单的事情了，比大成本地策划假期或者解决与前任的矛盾而言要来得简单得多。事实上，如果父母双方都积极地表达，不仅会对孩子的安全问题产生积极的影响，同时也可以在一定程度上缓解紧张的家庭关系。当环境条件并不尽如人意的时候，孩子的反应可能没有达到预期的效果，这时不要因此就停止，要记住没有什么比您对孩子无条件的爱更有力量的了。无论孩子给您的是什么样的反馈，都要继续这样说爱他，让他们变得更有力量，从而进一步保障他们的安全。

15

第十五章

锻造孩子的“生存者基因”

Flexibility and the Survivor Gene

训练您的孩子成为成功的生存者：

调整每日的计划和日程

教导孩子提高适应能力

告诉他们挫折是可以克服的

传授应对策略

您能想到的最害怕的场景是什么样的？当我的一个客户被问到这个问题时，她毫不犹豫地说哪怕在飞机上待一会儿都会让她提心吊胆。她告诉我她从来都没坐过飞机，每次她尝试说服自己去旅行，都不能鼓起勇气。我们中大多数人都害怕坐飞机，但我们会学习去克服这些担忧，比如说服自己是出于需要或可以享受空中旅行附带的奖励。可是这位客户坚持按照自己的方式生活，她从来都不会踏上飞机半步，她也坚信永远不需要坐飞机，她不愿意学习一些必要的技能来克服恐飞症。因此毫无疑问，她的生活受到了限制。虽然在乘坐飞机去远方城市和国家的途中能很容易接触到不同的人、看到不一样的风景和经历不同的事，但这些对于她而言却是可遇而不可求的。因为不能接受改变也不愿意学习怎样战胜恐惧和适应新的环境，她也只能大半辈子生活在这样一个小地方。

为什么有的人能够战胜飞行恐惧而其他人却只能无助地忍受

呢？寻找关于人类本性的绝对真理和信仰，我们便可以发现一个清晰明确的解答（能够克服困境和生存的灾难）是同样具有吸引力的。但是觉得世界是非黑即白的思想会掩盖一个简单的真理：世间没有绝对，我们都是不同的，也不存在绝对正确的途径。性格的差异、在童年中所吸取的或正面或反面的经验、处理事件的策略、忍受和接受苦难的能力都是关系处理和战胜我们恐惧的因素。

什么是“生存者基因”

在《生存者俱乐部：生存常识》中本·舍伍德讲述了少数生存者的故事，发现他们有许多共同特点，尤其体现在都很乐观和很有灵性这一点上。在一些十分具有说服力的研究基础上，舍伍德先生认为生存者基因很值得继续研究下去。我们可能会继承祖先生存的能力，但如果这只是一部分呢？人与人之间生存能力也有所区别。生存能力也许是由一个人在面对危机时的心态决定的。当然，所有舍伍德书中提到的生存者都赞同的一点便是：积极的人生观对于他们的生存是至关重要的。

如何保持冷静

对于很多幸运的人来说，坐飞机不会有一点痛苦。但对于有些人来说，这是一个可怕的经历，试图去克服它需要很大的勇气。我们大多数人都生活在这两个极端之间，在飞机的入口我们可以轻松地处理那一丝焦虑，我们也能学着去适应环境。我们大多数人将不会去专门检验我们的生存基因，但无论是多大岁数的人都会经历某种形式的紧张和焦虑。我们都知道如何处理紧张的情况对我们的身体健康最有利。学会如何保持冷静、专注和运用应对技巧对于照顾自己和你周围的人是至关重要的。很多人根本没有任何应对的技巧。如果能帮助您的孩子想出一些他们自己的应对策略，就等于给他们送了一个大大的礼物。

越来越多的临床证据表明，积极的思维过程可以帮助治愈一些类型的抑郁症。乐观的心态是一个积极的应对技巧，所以应该得到支持，甚至在孩子成长的过程中应当特别对其进行培养。而怎么把这些与书中关于让家长变得明智和让孩子避免危机情况相关联呢？这便是接下来要讲的：保持冷静的能力是一种需要学习的技巧，它也是保证安全的有力技巧。我们能够通过教导他们在逆境中保持镇静和专注来帮助孩子。我们可以让他们把双脚放在地面上，深呼吸，在当前的时刻保持专心。加州的一些学校向较小的孩子提供地震急救包。要求家长写一封信给他们的孩子让他们保持镇静，说我们都爱你，救援人员将会很快赶到。这样做的目的是很明显的。我想到的不是写这封信有多么的不舒服，而是想到要是真的有什么事发生了他读到信时有多么的安心。

教一个孩子保持镇静真的很难，尤其当您是一位易冲动的家长。有正确的自我意识是很重要的，所以需要稍作思考。当面对压力和危机，您是怎么反应的？当你的孩子看到你的反应他会吸取什么样的教训？一个朋友告诉我，和她一起住的每个人遇到事情都会有过度反应的倾向、每件事都像是一部大戏剧。她说直到她开始骑马，她才意识到面对任何状况她自己也会过度反应。因为马的生存依靠它们评估现在危险的能力，所以马有察觉我们紧张程度的自然能力，反过来这也为留心的骑马者提供了一个连续的反馈回路。我的朋友用她和马在一起的经历来学习如何在害怕的时候保持冷静。当她在马的附近时，如果她过度反应，它们也将不可避免地会反应过度，避开跳跃，猛然弓背跃起，用这种方式来表现它们对她反应的过度敏感。她立刻把她从马身上感悟到的东西告诉了她的两个孩子。他们现在每天早上都模拟遇到紧张气氛时怎么深呼吸，并且静坐几分钟。

和您的孩子一起练习保持镇定的技巧

- 锻炼对事物的观察能力，意味着您需要更多地留心各种时间和地点。
- 试着把注意力集中在现在而不是过去和将来，深呼吸！
- 把注意力集中在当下的时刻，是一个练习镇静很好的方式。数4～5个您能看到的周围事物，再数一下4～5个您能感觉到的事物，再数4～5个您能听到的事物。

- 练习去感觉身体吸气和出气的部位。
- 把双脚放在地上，放慢气息，试着让紧张感慢慢地从您的头部转移到您的脚趾头。
- 数到五，同时吸气。数到五，同时呼气。放松您的肩膀，您正在这样做。

训练灵活性

在实践中，灵活性是什么呢？灵活性是你根据不断变化的环境做出相应调整的能力。为了应对这个瞬息万变的世界，我们形成属于自己的思考方式、推理能力和信仰，它们帮助我们快速做出判断，并做出相应的反应。当然，随着年龄渐长，它很容易变得僵化，变成一种固定的模式。想象一下，如果您的女儿回来跟您说，她不喜欢老师做事的方式，您会做出怎样的反应？这个反应里会透露出什么？你是立即去学校想办法把你的女儿换到另一个班，还是收集更多的信息后，向她解释每个人做事都有不同的方式？培养她的灵活性、判断力和适应力，才能保障她在没有您保护的情况下面临别人施加侵害时的安全。所以，请抓住一切机会来培养孩子的应对技能吧。

有位朋友正巧遇到这样的事情，她的孩子目睹了学校管理员用从年龄稍大的学生手里抢来的书，把一个闯进来的少年的鼻子打出了血。少年是不应该闯入学校，但这个管理员的行为也确实过激了。

两人之间的争执使我朋友的孩子和其他四五个目睹它发生的孩子感到不安。几周之后，学校的管理员公布了一个他自己的故事版本。事实上，他宣称目睹事件的孩子们在描述事件时撒谎了，他断然宣称他们描述的事情并没发生过。

目睹了事情经过的孩子们已经被他们看到的事实和管理员所声称的之间的差异所压垮。社区里的大人们的观点分成两种。很多人相信孩子撒谎了，其他的人则要求该管理员辞职。我的朋友和她的儿子整整一年都在讨论这件事。相比把她儿子转到新的、不出名的学校，她也许高估了把孩子留在这所学校的好处。但由于像这样的事情总发生，在管理员离开学校前的一年多的时间里，这个故事都没有被完全证实。即使十一年后的今天，人们对于过去发生的事情仍然有不同的观点。

但是不好的事情也有好的影响。确实，我朋友的儿子处于一个不好的处境是由于大人总不相信孩子的话，但是他也学会了如何在这个管理员在校的一年半的时间里灵活处事。整个事件看似对于一个易受影响的小孩来说是一个不幸的经历，但由于他妈妈善于抓住机会和他讨论这件事情的复杂性，鼓励他想出处理的策略和帮助他去适应环境，这件事反而变成了一件好事。

生存能力是人类与生俱来的特征，不像隐性基因，它不是人格性情。我们习惯性地认为一个害羞的孩子应该被支持保留他害羞的性格，毕竟“那才是他的本性”。但现在我们要教孩子离开自己的舒适区，去尝试不一样的东西。生存能力可能确实来自一个人天生的基因，但我们可以教孩子去扩展这项本能，这样做就会变得更强。诺曼·多吉在《改变是大脑的天性》一书中提出了“神经可塑性的概念”，他认为，思想可以开启或关闭我们的基因，改变大脑的结构。

用模拟的方式教孩子应对挑战

父母是孩子的榜样。所以，在问你孩子的灵活性如何之前，问问自己是怎么适应变化的。您是抵制新技术，还是拥抱它，促使自己学习如何使用它们？您是否一直在听同样的音乐，还是在尝试新的音乐形式和不同的艺术家？随着年龄的增长保持灵活性确实变得越来越难。这就更有理由强迫自己培养灵活性，以应对变化。尽早和您的孩子谈论您处理变化时遇到的困难，并一起寻找解决问题的方法。问问你自己，我积极地模仿训练灵活性、调整能力、适应性了吗？当事情和你所预料的有所不同时，一定要向孩子展示出你仍然在努力调整。记住孩子们不仅通过自己的行为学习东西而且还通过观察周围大人的言行。不要让您的激烈的心理斗争的过程给他们增加负担，而是让他们知道您或者其他的主要监护者是怎样处理挑战的。

问过您的孩子他们是怎样处理生活中的紧张吗？也许在他们参加过一次特别难的学校考试之后或者当他们面临一个令人紧张的情况时，您可以和他们谈论一下这件事。“对于那件事你有什么感受？”“你曾采取过什么措施去处理它？”“你当时害怕吗？”让好奇心引导着你并听听他们的反应。您也能学到一些有用的东西！

16

第十六章

适合不同年龄段的沟通技巧和安全规则

When Do We Tell The Kids?

当与孩子交流时切记：

他们发育的年龄（心理成熟度）

向孩子发问

每个孩子都是不同的个体。孩子们的成长阶段可能有相似之处，但是其成长速度却不尽相同。我深知，这话您可能已经听了不下一百遍了，但这都是实话。不论何时何地，当和孩子们讨论不同话题时，这些细微差别都要考虑在内。我认识一对双胞胎，这里我们称呼她们为安妮和米歇尔，即使她们出生时仅仅相差五分钟，但她们做事情却有着天壤之别。她们小时候，安妮要比米歇尔大，而且比她提前好几个月学会走路。等到青春期的时候，米歇尔比安妮高出了将近六英寸。小学的时候，她比安妮有着更好的协调力，并且很喜欢打垒球和排球。到了高中，米歇尔还是高两英尺，但这时候她变得有些腼腆，然而安妮获得了体操冠军，经常参加学校的舞会。婴儿时期的预言在小学时被颠覆，等到高中时被又一次颠覆。他们十几岁的时候，个高的对于陌生事物总是很抵触，反倒是小个子的总是勇于尝试。

然而很多时候，人们会仅凭身高就认为矮个子的安妮更年轻，而高个子的米歇尔要成熟许多。事实上，人不可貌相。好比安妮很喜欢照看孩子，而米歇尔在孩子堆中往往不知所措，即使这样，很多邻居家长会很担心安妮照看孩子，他们更希望米歇尔来做。有一次一位家长出于担心安妮年龄小不成熟，不能胜任这份工作直接找的米歇尔。他们的妈妈不得不再三说服另一个母亲，这两个孩子都是一样大的，安妮完全有能力胜任这份工作。

仅仅通过一个孩子的长相确实不能确定他们成熟与否。想想认识的孩子，即使他们在同一个年级，也不意味着他和同学有一样的心理年龄。心理年龄，听上去好像很滑稽宽泛的名词，但是实际情况确实如此。它的基本含义是：人们如何在心平气和的情况下应对不同难题。这不是一个科学的定义，却是行得通的。

我们接下来的建议是关于父母如何向不同年龄阶段的孩子介绍敏感的安全性问题。切记要照顾到孩子的心理年龄。有些5岁的孩子就能处理很复杂的安全问题，但是有的十几岁的孩子却对这些一无所知。这些问题都是分年龄段的，但是家长必须做出正确的判断，因为没有人比你更了解您的孩子。有些9岁的孩子看上去真的只有6、7岁，我们也知道有些成年人甚至还不如自己的孩子。

2~6岁

家里有一个两岁左右的孩子吗？这些小家伙对于长篇大论根

本听不进去：想都不用想，当高谈阔论时，他们只会抬头望着你。他们会像往常一样起床、玩耍或者牢骚满腹。安静下来最长也不过一分钟。他们连话都说不清楚，也不会遵循逻辑。他们说话刚刚开始成句，有时候还会为一个词纠结。当你和他们讨论他们不懂的事情时，他们会觉得你是异类。尽管如此，他们每天还是学到很多新事物，而且他们的语言水平真的是突飞猛进。他们可能讲述能力有限，但是不要忘了倾听他们。孩子讲述的事情可能经常让你困惑，也许前后颠倒，但是不要妄下定论这个故事就是错的。我知道一个事情，一个小姑娘试图描述一个恐吓她的人，她不停地重复"那个人开车走了，"事实就是那个人把车停在家门外，坐在车上。她的妈妈用心在听，因为她了解女儿在描述一个事实而不是虚构一个故事。接着这个小女孩说道"那个车上有个马"，这个母亲更加困惑。起初听起来像一个趣事，由于她认真听，她推断出这个人坐在一个有马的车上——福特野马。母亲最终明白了整个事情。正是根据孩子的讲述，她了解自己要具备警惕意识，并且知道警惕什么。

那么该如何向孩子讲述复杂或可怕的话题？显而易见，要将其简单化。事实上，不论哪个年龄段的孩子，这一条都适用。像必须让爸爸妈妈或者其他监护人随时知道你在哪里这种简单的规矩，不用通过吓唬的手段让他们知晓。可以简单地告诫2~6岁的孩子要始终待在照看者身边，并向他说明原因。这就是规定。这个年龄段有些早熟的孩子可能会挑剔您说的理由，您要做的就是将其简明化然后让他们时刻遵守这些规定，而不是不停地解释您的想法。这些对所有孩子都适用，他们要做的就是不断实践，从而获取更好的安全保障。

适用于2～6岁儿童的安全规则

- 你的父母非常爱你，我们都希望你安全开心。我们会密切关注你的安全。
- 不允许单独去任何地方。外出至少有一个人陪伴。
- 外出时不要跑在前面，必须跟紧我，当我说停的时候马上停下来。如果无法停止，必须牵住我的手。（这样才可行）
- 如果有人以你不喜欢的方式触碰、抚摸或者伤害你，请马上告知我们，没有人会因此生气，你有说“不”的权力。

实践起来也很简单，当你带着孩子逛商场时，你要紧抓他的手，并且时刻提醒他跟紧自己。2～6岁的孩子就得时时刻刻有人告诫他不要乱跑。这个年龄段的孩子在这方面做得还是比较好的。以前我们经常看见有人用皮带将孩子拴在身边，这看上去好像很滑稽，但是等你仔细想想，这一点也不滑稽。细想一下，一个皮带和你惊慌失措满大街地找孩子，哪个更行得通？在婴儿车或者购物车中留张意思明确的纸条不失为一个好办法。我的丈夫之前试图用吓唬的方法，他告诉孩子们如果你们乱跑坏人就会把你们抓走，以此确保孩子们在公众场合的安全。最后，我教他选用一些恰当的话语和方法。

比如说“我在这里，跟紧我哦”，或者说“我们玩个游戏吧，看看你能不能在我们离开之前一直看见我？”或者说“影子游戏——看看你能不能在下一个七分钟一直跟着我？我要开始计时了”（我发现孩子们喜欢这样的计时游戏）。这样效果也就达到了。选择游戏不失为一个好办法，但是他们也得有行为约束，时刻提醒孩子如果跑出去必须牵着手（或者外套和小推车），当然你必须确保一定这样做！有时候期望是最简单也是最有效的：明确告诉孩子他们应该怎么做，而且要确保他们会这么做，这必将会是改变行为的好办法。如果您认为自己的孩子行为良好，并且希望他们表现得更好，他们一定也会做到的！

这个年龄段的孩子或者再大一点的孩子通常不按大人说的做。或者他们可能当时做了，但是过后就忘了。我们经常会遇到很多情况，尽管父母时常告诫孩子不要和陌生人外出，但是也经常会遇到帮陌生人找小狗这种“假邀请”。要时刻提醒，时刻告诫，但是谨记最好的办法就是当出门时，让孩子保持在视线范围内（没有比这更好的办法了）。

幼儿的压力信号

每个孩子对压力的反应不同，但是小孩子也会受周围人的影响，产生情绪变化。值得家长注意的儿童行为包括：

- 依赖性或者不停地哭泣；
- 害怕之前不害怕的东西；
- 易怒；
- 难以入睡或者睡不踏实；
- 饮食习惯改变；
- 游戏中受挫，情绪不高。

6~9岁

诚实、真心与孩子交谈，询问孩子的发展情况。

家里有6~9岁的孩子，感觉有些像和警察一起生活，那种非常自以为是的警察。一切都得围着他们转。他们喜欢事实，也希望事实明了。是的，孩子们的性情、个性和成熟程度迥异，但对于这个年龄阶段的孩子，最好要确保事实精准，确保他们需要了解的信息准确。当你说“来得快，去得也快”，他们会想知道来的是什么，要去哪里。他们的大脑只有成熟了，才能开始了解笑话和童谣的双重意义。然而，他们可以进行长时间交谈。一分钟的谈话可以延长到五分钟，但不要期望他们会记得你说过的一切。

对于他们来说，谈话技巧可能才是起步。我记得我儿子和他表弟在这个年龄的一段美好回忆，他们俩坐在儿童垫高椅上聊得不亦乐乎，没什么特定的话题，天马行空。

适用于6~9岁儿童的安全规则

- 与孩子一起定规则、列清单。
- 列出一份我们可以信任的人的名单，记上那些关心我们的人的名字。当需要他们帮助的时候能通过电话联系。告诉孩子只有这些人能把你接走。
- 在没有告知父母或监护人情况下，不要随意出门、帮助他人、接受陌生人的东西、上陌生人的车。就算觉得这种做法有些疯狂，也要让父母知道你的行踪！
- 不要自己独身一人出行，搭个伴。
- 如果别人要你做你不愿意或不舒服的事，要懂得拒绝。没关系，这不代表你自私，你只是在保护你自己。
- 有事故发生了就联系名单上的人，他们只会帮助你，不会生气嫌麻烦。
- 不要轻易相信他人的话，可以与名单上的人沟通一下。比如有人告诉你要带你去哪里，但你提前不知道有这么一回事的时候，询问联系名单上的人。

如果幸运，孩子在这个岁数可能会多少理解您的观点，并且会让您清楚地了解这一点。和他们解释在晚饭前吃两根冰棒不好，因为“你们会觉得饱，就不想吃晚饭了”，这可能真的奏效。有些孩子不会告诉你他们懂了，但如果他们不和你争辩，那就表示他们可能懂了。当告诉孩子离那些在操场上闲逛却没有带小孩的大人们远点，他们也许会明白。但是要想确认他们是否真的明白，还得靠实践和监督。

当同样的事情发生在5岁和9岁的孩子身上，他们表现出来的差异体现出这两个阶段的孩子看待事物是有差异的。事情发生在万圣节我的老邻居家。差不多下午四点，有一支备枪特种小队包围了邻居家的房子——我们那儿（北加利福尼亚的小镇子）从没发生过这种事，坦白讲，我们也不知道这里还有一支特种小队。那时，我5岁的女儿正受邀与那邻居家的孩子玩“不给糖就捣乱”游戏。

在看到这个情况之后，女儿认为这是万圣节的一部分，立刻就想到朋友家去玩。我不让她去，她就大哭，还说我毁了朋友的心意。那时毕竟是万圣节，对于她来说那些警察只是穿着制服打扮的普通人而已。但是，我9岁的儿子却想助警察一臂之力，他之前看到屋外有人在“抽烟”，想加入搜寻犯人的队伍。其实只要我们待在家，一周之内就会发现这是一次对大麻贩卖者的突袭打击。

接下来的事对我是个不小的挑战——我需要以不同的方式应对两个孩子，因为他们都需要了解真相。对于5岁的女儿，我们要告诉她，不能去朋友家玩是因为我们不能保证那种做法是否安全。我们得告诉她警察到那里去是因为他们怀疑住在那里的人们在做违法的事情。实际上我们不清楚是否有人被捕，不想让她掺和这些事。同样9岁的儿子也需要了解事实究竟是怎样的，我们不想让此事对他产生阴影，告诉他警察到那里去是因为他们怀疑住在那里的人们在做违法的事情，同时保证一旦我们知道什么都会与他分享。这个例子就说明了在谈论同一件事情时，要根据孩子发展阶段选择谈话的侧重点。同时也要记住，就算两个同龄的孩子因为发展程度不同，也需要不同的解释。

9~12岁

培养孩子学会体会他人的感受，树立自信。

这个年龄段的孩子不再与你形影不离，他们开始学会独立，对他们来说你也不像过去那般重要了。他们更独立，不再需要你小心翼翼地呵护了。有自己的小圈子、小宠物，找到合适的朋友在这个时期变得尤为重要。男孩女孩开始变得不同，相较而言男孩们更不愿多谈论自己的身体。在与男孩谈及一些复杂的话题比如说猥亵或性虐待的时候，他们会表现出迟疑犹豫。通常他们是含蓄谨慎地去面对关于性的话题，别人要求自己做不舒服的事时，会表现出尴尬与不安。所以要鼓励孩子说出自己的想法，与他们交流各种话题。

家长们要记住，就算他们的面庞跟声音已经长到跟成年人一样，他们还是孩子，还不足以在成年人的世界里畅行无阻。所以父母需要给他们提前打好预防针，告诉他们哪些事情可能会发生。

有一位母亲曾经和孩子虚拟了一个小男孩不幸遭受到了营地辅导员的猥亵，聪明的孩子意识到了这事发生在社区里的小男孩身上，这位母亲以一种巧妙的方式谈论这个艰难的话题。我们并不鼓吹你非得编造什么才能和你的孩子谈论什么，你得寻找机会与之交流。他们还是需要一些规则保护自己，当他们破坏了这些规则时，鼓励他们坚持下去。耐心讲解制定这些规则的理由让他们很好地理解，从而保护好自己。

适用于9~12岁儿童的安全规则

据观察，跟9~12岁儿童交谈时，语言可以更具包容性。他们已经可以参与讨论了，但还不能制定规则。来给可以信任的人列个单子吧：关心你的人，而且我们都非常了解他。我们会记下他们的电话，如果你需要打给某人，就能通过这些号码找到他们。只有这些人才能在发生突发情况时去接你。你还能想起来谁吗？我觉得你就要形成正确的判断了，不过仍然需要遵守下面的规则：

- 绝对不能到处走、帮助你不认识的人、接受陌生人的东西，也不能不提前告诉我们或照顾你的人，就上了别人的车。即使你觉得我们都疯了——也要告诉我们！我们可以商量，但你必须同意这些规则。如果不能遵守，我就跟你说说后果——对！就是这么严重！

- 绝对不要单独行动。出门的时候要跟朋友一起。这对你的安全来说至关重要！
- 如果某人对你做出一些你不喜欢或感到不舒服的行为时，要果断拒绝。你必须学会如何保护自己的利益，学会如何提出要求。一定要记住，任何时候你都能说“不”。
- 如果发生了坏事，要告诉名单上的人。我们都爱你，也会永远保护你，你得让我们知道发生了什么。
- 不要轻信别人——要跟名单上的人核实一下。如果有人告诉你你“原本”要跟他们去什么地方，而你完全不知道，就给名单上的人打个电话问问！这可以保障你的基本安全！

13~15岁

让孩子们引导谈话，就能让他们知道自己的想法真的很重要。

那么，这个年龄段的孩子在关注焦点变成自我独立以前，仍然会“听”你的。虽然把这个年纪的儿童拉拢过来不那么容易了，但对于世界来说，他们还是很天真，而且他们容易在应该警惕的时候轻信别人。如果他们真的想弄明白，他们就能大概弄明白。在这个年纪，如果他们真的想花时间与你聊天，他们可以与你长时间地交谈，还会问一些重要的问题。

如果你听到不怎么跟你说话的孩子在好朋友家时非常健谈，不要感到惊讶。父母们经常抱怨："她从不告诉我发生的事，我都是从她朋友们那儿听来的！"男孩们聊天的时候会变得更实际，更准确，也更直接。但随着对周围世界了解的深入，女孩们往往变得更乖巧、更"顾及"别人，尤其是别人的感受。这个年龄段，所有孩子都想变得跟"别人"一样，无论如何都尽量避免出头。然而，当他们努力地想进入成年人的世界，他们急切地想证明自己在这个世界上的价值。而当他们想证明自己的价值时，选择对且健康的东西对他们来说就成了第二本能。你得在他们身旁鼓励、支持他们做出正确的选择。这时候正是跟他们说清楚你的想法，然后制定规则并讨论的绝佳时机。他们仍需遵循你制定的规则，但参与讨论变得有意义了，因为讨论中他们可以表达自己的想法，并让他们明白你对于安全相关情况的想法。当他们没有做出正确选择时要质疑他们，然后跟他们说明后果。不过要先确定你已经教过他们如何做出正确选择以及为什么这些选择是正确的。

如果你的孩子认为世界基本上是个安全的地方，但还有几个坏人，那么他们可能就会利用自己的意识和批判思维来做出正确的选择。他们不断摸索着、挣扎着，以找到自己想成为的模样，甚至还会思考为什么自己想变成那样的人。他们不断实践着与周围世界相处的技巧。

适用于13~15岁孩子的安全规则

- 聊天要更像讨论。鼓励独立的同时要注意遵守规则。

- 哪些人真正关心你，而且你我都很熟悉？你有他们的电话吗？你知道如果需要可以给他们打电话吗？如果遇到紧急情况，只有这些人可以接走你。你正变得越来越独立，所以我想支持你并交给你保护自己的工具。为了保证安全，你需要遵守以下规则：

- 不要到处走、帮助你不认识的人、接受陌生人的东西，也不要不事先告知我们或正在照顾你的人就进入别人的车内。我们可以讨论，但你不许不遵守这些规则。你知道我为什么跟你讲这些吗？

- 绝对不要单独行动。出门的时候要跟朋友一起。这对保障你的安全十分重要！

- 如果某人对你做出一些你不喜欢或让你不舒服的行为时，要果断拒绝。你很珍贵，任何时候你都能说“不”。

- 如果发生了坏事，给名单上的人打电话。我们永远支持你，我们会帮你解决问题。

- 当有人跟你说你“应该”跟他们去某地而你不确定的时候，先核实一下，打个电话问问！核实一下能保证你的安全，这比为卷入坏事而悔恨要好得多。

15岁及以上

有人认为孩子到了这个年纪，家长应该让孩子完全独立。事实上，你的孩子还没完全成熟，还不知道完全独立是什么样。不要过早做决定。他们还需要你的指导与支持。您要明白，与这个年龄段的孩子交流是很复杂的。要避免谈话变成争吵。温柔地同他们讲话，要找准时机鼓励他们敞开心扉。大多数孩子都不想让您如同专家一般去干涉他们。相反，他们需要知道您对他们的爱与付出。同时，如果您一点也不驳斥他们，那就是您的失职。他们的确知道很多而且可以教给您很多东西，承认这一点，让他们来教您，不要批判他们，但别忘了教育他们——他们并不真正明白一切，而且对世界知之甚少。现阶段，教给他们错误决定导致的后果是十分重要的，尤其当孩子们学开车的时候，要全程跟随，不能让他们养成不良的习惯。不要害怕争论，而是要接受您不能赢得所有人的喜欢这样的事实。这个年龄段的青少年们看待事物的方式很不一样。一般而言，女孩们以照顾他人为焦点，而男孩们变得不再关注别人的感受。这种情况对这一话题意味着什么？要意识到女孩们更易受到利用。教会她们什么是利用，还有说明朋友可能利用她们的善良。要看清不同性别之间巨大的差异，但也要看到共同点。所有孩子都可能被利用，男孩们不比女孩们好多少。

这个年龄段的孩子会被领导者吸引，但界限明确。您也许从日常的接触中看不出来，但这些他们会跟朋友和同龄人讨论。音乐家、运动明星和强者都很受欢迎。有魅力和能力也会受到欢迎，尤其是你身上没有的魅力。支持他们对偶像的追求，但要清楚他们被谁吸引。也许不能劝阻他们迷恋某个英雄，但要想尽一切办法保持交流。我认识的一个家长为了跟孩子交流，拿出了自己过去的照片，当时他是“感恩而死”（20世纪60年代著名的摇滚乐队）的追随者。他想表明的是不管人们对某个群体或偶像多狂热，这些都会时过境迁。他的儿子已经意识到父亲对那支乐队的热爱，但老照片激发了一场关于儿子崇拜谁以及对其哪一点感兴趣的热烈讨论。

这个年龄段的孩子接收很多东西，想法也特别多。是的，他们的大脑还未完全发育，他们的行为导致的结果对他们来说不重要。这是个“全知”的年龄，但很明显还没有准备好独自飞翔。他们看起来很成熟，甚至表现得也很成熟，其实他们还不成熟。今天，我17岁的儿子给他那只有六英尺的房间买了套八英尺长的沙发。他即使把壁橱搬了出去都还没弄明白为什么自己的计划行不通。让你的孩子自己解决问题，但让他明白自己的能力还是有限的。当然，女孩们仍然比男孩们更易受到伤害。所以，告诉他们道理但也不要吓到他们。信息就是力量。用你知道的来武装他们，但也别忘了仔细聆听他们已经学到的东西，记得告诉他们你无条件地爱他们。

适用于15岁及以上的青少年的安全规则

- 对规则产生的“如何”和“为什么”之类的问题，可以进行一场更具包容性的讨论。
- 当出现紧急事件时，谁可以来接你？你有他们电话吗？如果需要，你能给其中的任何人打电话吗？
- 你正变得越来越独立，所以我想支持你并帮你变得独立。
- 别不事先告诉我们就离开或进到车里。我们可以讨论，但你必须遵守这些规则。我只想知道你在哪儿。你觉得我为什么要跟你说这些？
- 不要独自出门，叫上朋友。我现在说的是安全：不要单独去见你不认识的人，不要跟陌生人去聚会。你还能想到其他情况吗？
- 你要学会判断但请记住你很珍贵，如果有事或有人使你不舒服，你永远都可以说“不”。

- 如果坏事发生了，请告诉能帮助你的人。我们都爱你，会帮你解决的。即使你觉得尴尬或害怕，也要让我们知道！

- 如果有人告诉你应该跟他去某地做某事，而你不清楚，一定要先核实一下。核实一下能保证安全，总比陷入危险感到后悔要好得多。

17

第十七章

根据不同的情况做出相应的判断

Just the Facts Again and Again

谈到安全问题的时候，只有：

实践

实践

实践

到目前为止,对于诱拐和绑架事件没有一个精确的统计数字,因此便很难知道真实情况到底是什么样的。出现这样的结果有很多原因，有的是因为不准确的犯罪记录统计结果所造成的，不同系统对于不同问题所统计的各类数据并没有整合到一起；有时是由媒体的报道方式所造成的，大量走煽情路线的报纸杂志为了彰显故事悬念或者渲染骇人听闻的效果使得新闻扭曲于现实；而有时是由于太多人牵涉在其中，或者目击者由于紧张惊慌造成记忆不完整等原因，警方本身所接收到的信息就很混乱甚至前后矛盾。我们都很清楚绑架事件是在切切实实地发生着，无时无刻都会有孩子走失，只是很难统计出一个确切的数字。

把统计数字的问题指出来是为了让更多的人可以放心。部分司法部门的统计数据表明每年都会有80万18岁以下的儿童遭遇绑架，这个数字乍听之下感觉十分惊悚。但实际上如果仔细分析它，会发现在这个数字里面遭遇陌生人绑架的比例只占极小的一部分。知道这个令人惊慌的数字之后把时间都浪费在无谓的防卫与焦虑上没有任何意义与帮助，只有从根本上保护孩子的安全才是最重要的。毫无疑问，沟通、教育加上让孩子感受到自己始终是被爱的远远要比设法降低这个庞大的数字要重要得多。

同样在我看来，学会与孩子讨论包括绑架和虐待等棘手话题的方式不仅可以让孩子受益终生，对家长来说同样可以学习到很多东西。孩子们有必要了解到“这个年纪”应该知道的事情，这样才能更好地去理解自己的父母。父母需要通过积极、向上的方式来讨论这些话题；沟通——对父母与孩子而言都会受益无穷；教育——可以对以上这些较为敏感的话题有更好的认识，从而做出更加明智的选择。有自信的孩子们随时都可以感受到环绕在身边的爱，这样的孩子可以更加坚定自己的判断并保护自己，而不会被别人所利用。

希望通过本书的阅读，您可以不再对这个世界感到恐惧。事实上，我希望我们都可以一起用积极的眼光去看待这个世界，并且不要忘记我们可以通过自身的努力让它变得更加安全。您需要记住的一点是，虽然利用常识、直觉去进行判断很重要，但教育以及书中所提到的基础性指导也同样不可缺少，不要一味地依赖于过去单一的答案，要根据不同的情况做出相应的判断。不要害怕与孩子沟通，事实上您完全可以放宽心，也可以将本书看作一个可以查阅的工具随时重温。当您再次阅读的时候（特意设计成快速阅读的版式）要与自己孩子的情况相结合。孩子的哪些部位已经发育？您曾经教导他什么样的知识？对于这个年纪的孩子还可以与他讨论什么样的内容？什么样的问题可以让讨论变得更深入？始终不要忘记，教育是力量，沟通是关键。

感谢您抽出宝贵的时间来阅读以及同孩子分享本书。希望书中对于一些比较敏感话题的用词与叙述方式没有让您感到不适。如果有一个孩子的生活可以因为这本书发生了好的改变，那么它就完成了自己的历史使命。我确信，通过更加开明、全面、真心的谈话，未来一定会变得更加美好。我确信，我们可以一起创造奇迹。

I. 青少年智囊

12～15岁

15岁及以上

II. 更多关于12岁以上孩子的内容

一点即通　触类旁通

女孩应该怎么做

III. 针对介于儿童和少年之间的孩子

9～12岁

IV. 儿童智囊

6～9岁

3～6岁

《孩子安全智囊》这一板块前四个部分直接从孩子的视角出发，能够真正做到对孩子有所帮助。如同您所看到的，本板块按照年龄段划分，请根据孩子的实际年龄选择相应部分阅读。尽管书中所提到的安全规则适用于所有年龄段的孩子，但是根据各个年龄段的不同特征有所区分，将会达到事半功倍的效果。

希望您可以同孩子一起来讨论安全问题，让孩子们能够真正理解这些问题，实现我们的教育目标。您也可以通过对孩子提问的方式来判断他们当下理解到了何种程度，共同探讨取得进步。

I. 青少年智囊

孩子可以单独阅读这一章节，了解其基本内容，然后阅读并且签署第五部分后附的《安全协议》。

12~15岁

回想一下别人曾经对你讲述的各种各样的故事，在这些故事里有多少人有过在大街上被“奇怪”的人盯住、跟踪的经历？也许这些“奇怪”的人只是看起来“奇怪”而已，然而仍然值得我们去深入思考，如果碰到真正“奇怪”的人的时候，应当怎样去做。几个星期之前，在我教课的班级中（那个班级大概有12个中学生），有6个孩子表示自己曾经有过在马路上被吓到的经历，其中有两个是连续被同一个开车的人跟踪。

事实上，这两个孩子没有同任何成年人讲过这件事。而班里所有的孩子都知道最近很热门的“小学生被拖进车里”的新闻。尽管最后孩子们都安全逃脱，但重点是，我希望大家可以做到同周围怀有责任心的人一同分享这个故事。那天班里的孩子们都答应我回家之后要把自己所经历的或者听到的安全类相关故事告诉父母或者其他出现在生活中的成年人，希望你也可以做到这一点。

下课之后，一位协助发起这个课程的人走过来告诉我在他读中学的时候就有过被性骚扰的经历。骚扰他的人是一位他很熟悉的老师，提出来要载他回家，在途中对他作出了骚扰的动作。这件事他没有对几个人讲过，告诉我之后又问我自己应当怎么做才能鼓励孩子们像在课堂上一样，勇敢地说出自己的故事。他相信如果自己能够早点面对并且把这件事说出来，一定能够更早地释怀。尽管现在作为一名成年人，他认为那次事件的发生是自己不够谨慎造成的，所以他没同别人说过，独自带着留下的阴影度过了很多年。因此，当我们遇到这类事情的时候，一定要大声讲出来，不要让自己终生都陷在灰色的想法之中。

那么，我们现在从这里开始：当你走在马路上的时候，一定要环顾周围的情况。首先，低着头走路并不是聪明人会做的事情，因为那样会撞到车上、树上或者同样注意力不集中的行人身上；其次，请你仔细思考一下，当我们读到行人不慎被撞身亡的新闻时，我们一定会首先责备驾驶人的。是的，驾驶人有不可推卸的责任。确实会有人在开车的时候发短信或注意力涣散。然而，也存在行人在走路时由于发短信或者戴着耳机听iPad中的音乐而导致悲剧发生的情况。在加利福尼亚，当行人出现在车辆周围的时候，驾驶人有责任格外注意。好吧，现在责任划分十分清楚了，然而当事情发生在自己身上的时候，这项规定的重要性又有多少呢？

现在我们来换个话题，或许你难以置信，在蓄意绑架的案件中，受害人年龄在10～14岁年龄段中的比例高达43%。现在请先不要把这个数字传达给家中的弟弟，让父母去告诉他效果会更好一些。在路上遇到向你或者孩子问路的人的时候，不需要过分的礼貌和热情，若问路的车慢下来你便需要快速走开了，让车主另找别人询问。几年前在我居住的社区中，一个下雨又阴冷的一天，一对男女提出来要载一位年轻的女士一程。或许现在我已经不需要详细告诉你故事后来发展的细节了，不出意料结局并不是很好。但是举这个例子并不是想告诉你所有问路的都是坏人，但确实是有这样的情况存在，不是吗？小时候我就学会了一点，那就是当有车停在乡下路边的时候，要去路的对面走。后来便养成了这样的习惯，直达今天我仍会这样做，希望大家也可以参考这种做法。

你无须害怕，只要心中有安全意识并保持警惕便可以了，遇事要灵活应对，眼观四路，耳听八方。是的，不可能所有人都是怪人，但是如果你能主动采取一些措施避免情况发生，那为什么不去做呢？在现实生活中，真正奇怪、有所企图的人大多是不会让自己看起来奇怪的。可能通过网络所呈现出来的头像会显得年老又恐怖，但实际并没有这么夸张。另外，也没有很多夫妇每天在路上开着车寻找小孩儿下手，虽然的确存在。谁知道呢？

下面这个故事，我第一次听到的时候并没有觉得有什么，然而后来竟然连着有三个孩子给我讲了同一件事情。故事是这样的：在商场中有几个长相英俊的男孩子，两两三三地在里面闲逛寻找漂亮的女孩子。其中有一个男生看起来十分腼腆，另外两个却很擅长与女生调情逗乐。最帅的那个男生一直在同一个看起来很安静的女生讲话，让那个女生对自己有了特别的印象，然后，事情就自然而然地发生了。女孩跟随男生到了他的家中，后来便做了一些从来没有做过的事情。在这个过程中，男孩拍了一些照片。第二天，男孩给女孩打电话威胁她如果她不爱自己或者不按照自己的要求去做，他就要把这些照片发给她的父母。女孩吓坏了，便答应了男孩的要求。她一直在心里对自己说男孩这么做是因为太爱自己想两个人能够在一起。后来，男孩拿到了几张超级碗橄榄球赛的门票，女孩同他一起去了比赛所在地。因为男生需要钱，他朋友也觉得这个女孩很漂亮，于是在这个没有亲人知道的地方，女孩就被他们强奸了。

这里顺便提一下，据我所了解到的，在很多有超级杯或者其他重大赛事举办的城市，警察都会接到很多女生离家出走的电话。你之所以没有听说过这些故事，可能是这些女孩失踪的事件从来没有被报道过。当这些女孩被找到的时候，警察也不知道要把这些女孩送到哪里去，因为既没有她们的家庭住址也没有任何失踪新闻与之匹配。这一点令我十分难过。为什么现实情况会变成这样呢？人们可能回想这些事件中的女孩之所以会失踪是因为“她们没有可以倾诉的对象，也没有真正关心她们的人”。但如果事实并不是这样，有人愿意同她们交流、有人在真诚地关心她们，只是她们没有发现呢？你是否也是被其他人爱着呢？如果你的父母会让你阅读这本书，我相信你绝对不会成为那些女生中的一个。

接下来的内容可能会让你有些费解。当你在12～14岁的时候，你已经开始想竭力摆脱自己身上孩子气的部分了。身体每天都在生长，逐渐地发生了变化。如果你能够理解我的意思，就会明白这时改变就已经在悄然地发生了。如果不理解，也没有关系，一切都会自然而然地到来。现实情况是这样：对于大一点的孩子，甚至也包括女孩，这些改变是显而易见的，他们可能就会在大街上对你大喊大叫。这种时候，他们只是“体型庞大”的孩子（当然这只是我个人的观点。不过，也确实是多年的经验之谈），恭维话的确让人听起来感到很舒服。我的意思是，当你觉得自己还不错，但又不是很确定，这时别人赞美你，你是不是感到很受用？班里的那些男孩子们往往就以各种不成熟、很幼稚的方式来赞美女孩子。年龄更大一些的，比如已经上高中的，已经很擅长怎样去挑逗别人了，而你可能会以为是他们才让自己有了一种与众不同的感觉。所以当他们对你喊出“嗨！宝贝”的时候感觉还相当不错，尽管他们这时正在把你往他们的车里推。所以女孩子们对这类事情应当格外小心，有些男生的确是有所企图的，在有所回应行动之前一定要思考清楚自己的做法值不值得。

或许你现在并不太清楚我所表达的意思，但将来可能会有一天你也会因为他人的赞美和关注做出一些令自己后悔的事情。不管是男孩还是女孩，对于年长于自己、看起来对自己很有兴趣的人，一定要多加注意。这里我并不是说所有人都是坏人都有所企图，只是想告诉你要保持警惕心理。如果公交车司机一直在同你讨论改装车的事情，并且提出邀请要和你一起去改车场的时候，他可能是另有图谋。当你直接告诉他要先同自己的父母商量的时候，他的回应又会有什么样的危险性呢？如果你已经处在一段因为对方的赞美而开始的感情中，并且开始觉得不是那么舒服的时候，一定要在事情发展到不能挽回之前大声地表达出自己的想法。有些时候长者可能会让你做一些你并不是很情愿做的事情，然而这些事情的确可以让你快速成熟起来。曾经有一个消防员因为自己一些不正常的想法，让一些男孩子们陪自己抽烟喝酒。当你感到事情不对的时候，不要害怕让父母或者其他成年人知道，尤其是遇到你并不喜欢的事情。也不要觉得有父母干预就是错的。因为一般情况下，当人感到不舒服时，一定是因为有些不太正常的事情在发生。

如果的确如你所想别人有所意图，这些人首先就会封锁你同朋友的联系，其次就是家人，接下来他们便会让你做一些可能会感到恶心的事情。因此，如果感到怀疑，就一定要大声说出来。把你的担心都说出来，自己独处的时候可以深入分析一下。如果因为他人受到惊吓或者开始怀疑自己的举动是否正确，不要犹豫，这时一定要去寻找别人的帮助。尝试着和父母多多交流吧。

15岁及以上

或许你会从这个本书最滑稽的章节中受益匪浅。

现在你已经了解本书的大部分内容了。也可能现在自己已经经历过一些奇怪、疯狂的事情了。我猜想这时你一定在想书中所讲的故事一定不会发生在自己身上，有些从父母那里听来的本书的内容听起来十分滑稽并且不可思议。但事实上有多少孩子被绑架过呢？所以读到此处，我希望你可以集中注意力、高度重视起来。可怕的事情的确会发生，要想保证自己的安全，就一定要对安全问题有所了解，信息才是力量。没有必要把自己关在房间里一个人害怕，做一个聪明的孩子，自己去分析当下的状况，了解事情究竟是怎么回事。

大家都知道搭便车是一件愚蠢的事情。为什么呢？因为当坐在把你拉进车里那个人的旁边的时候，你便已经陷入麻烦中了。当需要别人载你的时候，给朋友打电话，或者可以选择步行，但是千万不要随随便便地坐进陌生人或者刚刚认识的人的车中。好吧，我能够听到你读到这里发出的不情愿的“好吧”的声音。然而事实上，的确是有些你所不知道的发生在同龄人身上的事情。一些有过不愉快经历的孩子来找过我，想在我的帮助下克服这些事情在自己心里留下的阴影，甚至部分孩子在连续几年的时间内一直同我分享可能在其他孩子看来并没有什么的故事。通过这些故事，我所学会的最重要的一点便是：作为调解人最重要的便是保密，不要让这些恶劣行为对受害人带来二度伤害，尽管这的确有些难度。其他人可能会拿着受害人永远不想让其他人知道的故事羞辱他们，让他们难堪，然后威胁受害人要把他（她）的事情散播出去。有好几个客户都同我讲过曾经被人威胁把带有性画面的图片发送给她们的父母或者要将它们发到网络上。是只有变态才会这么做吧？是的，是这样，但是不到事情发生的时候你可能永远都不会知道谁会是变态。可能当你已经15、16或者17岁的时候，你会发现父母好像一直在对自己生气对自己不满意。你可能想那为什么还要让他们对自己更加失望呢？但是你要知道，父母宁愿从你口中听到这种事情也不想永远地失去你。父母最初听到的时候可能也会吓到，会反应过度，但是你要给他们时间去消化。没错，我知道被拍这种照片听起来还是很荒谬，但的确发生了。很多时候别人会通过过分赞美或者玩笑的方式让你去做自己并不愿意做的事情。很多成年人都误以为看起来听话的孩子是不会去做那些愚蠢的事情的，当那些事情真的发生在他们身上的时候又会感到格外的难受，也不想告诉父母在自己身上发生了什么。（这时你可以把这一章节读给自己的父母听。）

下面这个故事，我第一次听到的时候并没有觉得有什么，然而后来竟然连着有三个孩子给我讲了同一件事情。故事是这样的：在商场中有几个长相英俊的男孩子，两两三三地在里面闲逛寻找漂亮的女孩子。其中有一个男生看起来十分腼腆，另外两个却很擅长与女生调情逗乐。最帅的那个男生一直在同一个看起来很安静的女生讲话，让那个女生对自己有了特别的印象，然后，事情就自然而然地发生了。女孩跟随男生到了他的家中，后来便做了一些从来没有做过的事情。在这个过程中，男孩拍了一些照片。第二天，男孩给女孩打电话威胁她如果她不爱自己或者不按照自己的要求去做，他就要把这些照片发给她的父母。女孩吓坏了，便答应了男孩的要求。她一直在心里对自己说男孩这么做是因为太爱自己想两个人能够在一起。后来，男孩拿到了几张超级杯橄榄球赛的门票，女孩同他一起去了比赛所在地。因为男生需要钱，他朋友也觉得这个女孩很漂亮，于是在这个没有亲人知道的地方，女孩就被他们强奸了。

（以上这一段落的内容在上一章节我也同年纪更小的孩子分享过。通常在大型运动赛事或者其他重大活动举办地城市，青少年被侵犯以及年轻女性被拐卖的概率要更高，当然了不是把他们带来看比赛的。这些女孩们被迫同愿意付给她们钱的人发生性关系，以这样的方式为拐卖他们到这里的人带来收益。可能之前你并没有听到过很多这样的故事，那是因为女孩的父母或者收容所从来不会把它当作新闻爆出去。当这些女孩被找到的时候，完全也不知道要把她们送到哪里去，既没有她们的地址也没有相关信息。如果你在父母的建议下阅读完这一章节之后，相信你绝对不会成为这些事件受害者中的一员。）

希望读到这里时可以成功地吸引你的注意力了，那么我们继续。你就像几年前我见过的一个女孩一样，是个乖巧的孩子。她不抽烟、不喝酒，也从未想着要同哪个男生发生关系。然而就在几个月之前，在我的心理咨询室中她告诉了我一件在她身上所发生的一件糟糕透顶的事情。现在她基本恢复过来了，我也很高兴她愿意同我讲述这个故事，尽管我帮不上什么忙，但是我也在想如果她不告诉我，结局又会是什么样的呢？事情是这样的，当时她正在同一些朋友参加一个足球派对。当时在派对上她并没有看到毒品，但是确实有些朋友的行为表现得十分怪异。当时她就把自己的可乐放在桌子上，然后离开去同一个朋友告别。同朋友短暂地拥抱后她便回到了座位上，这就是最后一个她能记住的动作了。后来她在一个陌生的房间里醒来，觉得不知道发生了什么，感觉昏昏沉沉的。外套被扔在了地上，身上沾满了许多黏稠的液体。这个女孩被吓到了，感到一阵恶心，血一下涌上大脑。走到大厅后她看到一群男孩在那里就像没有看到她过来一样。几天后她听到学校的新闻，说是一个女生被自己学校摔跤队的六名成员强奸。没有人站出来承认自己是受害者，也没有人知道饮料中被放进了什么。但事实上，我的这名客户就是那个受害的女孩。在过了一段时间之后，女孩把这个故事告诉了我。她认为我可能会觉得她很愚蠢，感到灰心丧气。在她能把这件事说出来之前，她甚至都以一些胡乱的借口离开了这个镇子一段时间，直到后来觉得自己能够面对了。我不知道有多少次人们会在事情发生后选择消失、封闭自己等愚蠢的做法。在喝酒后或者当羞耻感又涌入大脑的时候，人们可能会不受控制地做出更加愚蠢的事情。

这种故事并不是永远都只发生在女生身上。可能大多数男生的家长并不会强制性地要求自己的孩子去阅读本书。然而，男生同女生一样，同样需要一些安全小贴士来保护自己。如果你是个男孩又读到这一部分内容，一定会受益匪浅。这时我想到我的一个客户，他一直觉得自己是同性恋但是并不能确定，如果他没有同我诉说，现在的处境又会有多大的不同啊！

当地的一所私立学校中有一位自认为与众不同的老师。这位老师同时也是学校的教练，后来成为负责人每年带领学校的一组男孩子进行野营训练。他自称能够把“男孩子变成男人”。这位老师采用了一些诸如强迫孩子们看色情片甚至集体手淫的方式。你可能会想这种令人反胃的行为不常见，但更深入地去想，实际上这类情况并没有你想象中的那样罕见。

我希望你能够了解社交网站上的那些所谓“好友”并不是现

实生活中真正的朋友，网络游戏中遇到的“小伙伴”也并不一定见得“小”，他们中也包含一些年龄较大的玩家。除此以外，你也需要记住一定要远离半夜开车出来的人。但是，在网络中分辨是非的难度会比现实更高，所以一定要灵活应对，仔细斟酌自己的发言，切忌透露过多个人信息。

我可以了解当有些意料不到的事情发生的时候不想通过警察来解决的心理，那么就告诉你的父母吧。虽然这时朋友会给予你足够的帮助，但事实上他们也同你有着一样的困惑。随便找个人倾诉并不是正确的方式。这里顺便提一句，你不应当是那个觉得羞耻的人，而应该是那个对你做出让你不舒服举动的人感到耻辱。现在仔细地思考一下，另外也不要让同样的事情再发生在别人身上。

II. 更多关于 12岁以上孩子的内容

所有年龄阶段的孩子都可以独自阅读本部分内容，建议年龄较小的孩子在父母或者其他成年人的陪伴下共同讨论阅读。

一点即通　触类旁通

不管现在你的年龄是多少，阅读本部分内容都会对你有所帮助。相较于不断地讲述悲剧故事，这里我会将重点更多地放在美好的事物上。通常报纸以及电视似乎都忘了告诉我们其实在人与人相处的过程中，也有许多互帮互助的动人故事。多年前我哥哥在独自旅行的途中丢失了钱包，有人在沙滩上发现了钱包，然后将其完好无损包括里面的金额一点不少地跨过整个国家，归还到他的手中——当哥哥回到家时在信箱中发现了它，你说神奇吗？另外还有一个朋友丢失了自己的小狗，到处张贴启事并且承诺500美元的酬金。一个星期以后，一名25岁的学生帮朋友找回了她的小狗。当朋友拿出支票簿的时候，这名学生却拒绝了，表示自己只是单纯地想帮她的忙而已。

回想一下自己曾经遇到的美好的事情。

在交往朋友以及社交生活中，信任是十分重要的一部分，而信任是靠自己慢慢赢得的。有时我们仅仅会因为住在同一个社区中、一起去教堂或者在同一所学校中就产生信任。如同孩子和孩子会有很大的不同一样，成年人之间也存在差异。通常在我们想要同别人分享自己的大秘密的时候，都会仔细思考一下那个对象是谁，因为不是所有你很喜欢或者看起来很乖巧的人都是可以信任的倾诉对象。同样我们也需要花一些时间去找出那些可以依靠的人。实际上我们都会犯错，把秘密告诉信任的朋友，而他把你的秘密搞得全学校人尽皆知。这种事情的确很糟糕，会让你觉得自己像个傻子一样。另外，因为有了真正的朋友的支持，你也能慢慢地走出来。然而当事情更复杂一点的时候，比如说一位长者突然出现在你的生活中变成了你的“朋友”，风险性便也加大。随着时间的流逝，这些成年人变成了你的朋友，赢得了你的信任，渐渐地走入了你的信任者的名单。

那么，你能否信任比你年长的人？当然，重要的是要记住始终保持警惕心理，跟随自己内心的感觉。问一下自己，这位成年人是否也把你看得同样重要。一些机构，比如辅导中心，在防止成年人利用青少年的案件中起到了很好的作用。然而这些机构并不能监视到所有人。即使有这些运营良好的机构组织存在，你仍然需要对感到不舒服的事情引起格外重视，以及确认自己感到怀疑的部分。

孩子同样也会感到孤独，相信这一点你们比我有更深的体会。父母工作繁忙，老师们也将压力施加在你身上，其他出现在自己生活中的成年人也不愿停下来同你交谈。因此可能你最了解的成年人就是你的老师，以及其他高频率出现在日常生活中的人，可能这个出现频率都高过父母。要记住，这些成年人的存在都是有意义的。他们想要把自己所知道的事情传递给你，或者让你以此为榜样，成为像他们一样的人。在没有接触到他们的时候就产生排斥心理是错误的行为。在我所居住的社区中，在过去的10年中一直担任健身教练的4个人，被指控与孩子发生性关系。社区里没有人愿意去谈论这件事情，因为大家都觉得很尴尬很丢脸。还有一个故事，一名20岁的教练骚扰了5个12岁大的孩子，大部分孩子的朋友都知道这个事情，却没有开口将它说出来。在另外两个故事中，女孩们都表达了自己对教练心仪的心理（这名教练后来承认了自己的错误，说都是生活所迫让自己失去了判断能力）。你的周围都是思考周全、机智聪明的成年人，那么你也会成为同样的人，同时也表明你正处于安全的环境中，这一点有时显得格外重要。

你一定听说过陌生人危险这个概念。我曾经用这个定义去教导孩子们学会保护自己，远离绑架这类可怕的事情。但后来发现我这样的做法其实是有些错误的。因为大多数孩子在某种程度上对“坏”的陌生人都会有特定的想象，比如说长相丑陋，或者在见到他的第一眼时就心生怀疑。然而像这种人是很好避开的，那么我们熟悉的人呢，比如说你认识的人呢？

当有车停到你面前、车里看起来十分和善的夫妇向你问路的时候，你会想为什么不帮助他们呢？但你不能简单地通过外表去判断他们的好坏。请记住这个重要的原则：当车停到你身边的时候，要立即扭头，继续走自己的路，你没有去帮助他们的必要。因为在当下，人们迷路的时候有很多种求助方法可以选择，比如手机应用、GPS导航或者拨打“114”，他们为什么一定要停车来向你问路呢？他们甚至可以去问加油站。因此，你完全没有必要把自己牵涉其中，尽管这听起来有些自私，却是一个明智的做法。

请记住，生活中没有什么事是绝对的，不会是非黑即白。要去理解这个道理，尽管权威人物值得我们尊重，但同时他们也与我们的邻居没有任何不同。我们需要用自己的判断去辨别，而不是一味地被所谓“权威人物”洗脑。要知道，牧师这种神职人员都有对儿童实施性侵的案例。想想看，连那些受害者最后都能有勇气说出一切，那么你，怎么就不敢质疑“权威人物”呢？

阅读到这里可以放松一下自己的眼睛，然后再次集中注意力。现在大部分的青少年都沉浸于网络之中，在这上面花的时间可能都会超过同朋友在一起的时间。

无疑你已经知道不能将自己的住址或者电话号码写在网上，也不能把它给别人。但过不了多久，你居然同意与从网上认识的朋友见面了。我强调过：不要这样做！但是你们中的很多人都会忽略我这句话，坚持自己的做法。这是个愚蠢的决定，但是最起码你们应当做到事前告诉其他人自己要去哪里要同谁见面。是的，告诉你的父母！告诉成年人！好吧，还有一部分人连这一步都会忽略，那么只好希望你以后不要再这么傻了。告诉自己永远不要单独行动。最后，要做到足够聪明、足够灵活，发现不对劲儿的时候一定要多加注意。

我想我应该不用告诉你不要发送“色情短信”或者拍摄“裸露照片”这样的话，因为我知道你自己可以去分辨。记住，不要这样做！要完全杜绝这类行为。不断地有各种信息或者照片在未经当事人允许的情况下泄露到网络或者传到其他人手机、电脑的事情，传入我的耳朵。不要太天真想着不会发生在自己身上。如果你将自己性感的照片传到网上，很快就会传到不怀好意的人那里，开始打你的主意。这是多令人反感的一件事情！只要他想，他就能轻而易举地从脸书或者其他社交网站中找到你呢。尽管可能他不会成为你“好友”列表中的一名，但他能登上你97777个好友中某一位的页面，而你那位朋友警惕性没有你高，认为和谁都可以成为“好友”。

因此，通过以上所列举的种种案例，当你阅读到这里的时候希望能够有所感悟。这里我还要再次重复一遍：在这个世界上充满了美好的人和物，在马路上被拖进车里的概率很小，但是家庭成员及熟人绑架的比例却达到最高值。因此要谨记：如果你或者其他认识的人卷入离婚案件中时，需要格外地引起注意。还有另外几点：当你听到父母在讨论辞职问题或者离开这个地方或者批判另一方错误行为的时候，也要格外引起注意。这里我所使用的词语为“注意”，而不是“警惕”。大多数情况下是可以同父母分享自己的想法与担忧的，但是同样你也可以选择与学校的顾问、老师或者其他安全范围内的人交谈。如果你是同父母一方一起居住，并且她告诉你绝不允许另一方把你带走或者直接告诉你他（她）已经离开、不想要你，更要仔细思考并分析当下情况了。这种说法意味着什么？而如果父母中一方警告你如果去找另一方就会挨揍呢？请记住，如果父母的一方在没有得到另一方允许的情况下私自将你带走，这是一种犯罪行为。不要担心自己的行动会让他们陷入麻烦中，他们同样也需要帮助。不管怎样，永远不要成为父母战争的牺牲品。就算很难拿到电话向老师或者警察说明当下的情况，也一定不要放弃，因为只要说，就不会晚。将孩子绑架的那一方父母是绝对不会想把孩子归还回去的。请记住，孩子，爱你的人会一直在那里等待你的那一个电话、等待你的敲门声，以及一个大大的拥抱。

有时候成年人的反应会比不上孩子，无法理解或者抓住孩子们所表达的核心意思，这时你可能要从自己的同龄人中选择一位“建议者”。如果你成为这样的“建议者”，要把这当成一种荣幸，根据“临床”的实际经验给予建议。作为临床医生，我甚至需要详细了解可能对方也只清楚一点点的事情。通常情况下，我们都会选择比自己年长、更加睿智、经历更丰富的人作为自己的倾听者。我们可以把这些人称为顾问，或者将他们列入自己信任的人的名单中（看到了吧，最起码我们还有这些人可以去信任）。如果你成为大家想要交谈的对象，当别人的谈话出现让你不舒服的内容的时候，也需要同列表上的人对话。变得睿智成熟的第一步就是要认识到什么事是自己所不知道的。

女孩应该怎么做？

当你在路上走着的时候，突然有一辆车从你身边开过喊着“辣妹”并且发出了鸣笛声。如果像在我们那个年代的16岁时一样，你可能便会同身边的朋友高兴地击掌，但是我们都还记得之后自己独自走回家时那种得到关注但却并不很舒服的感觉。后来再长大一点的时候，再次跟一群朋友走在路上遇到同样状况时又是另外一种感觉，但实话讲，当你抬头发现车里的人是一个三十多岁的“成熟男人”的时候，还是会觉得有些别扭。若是在独自走路时碰到这样的情况便会更加尴尬。最近我们同一群七年级的孩子聊天，她们说如果在路上遇到有人向自己吹口哨或者鸣笛，她们会想尽一切办法不去抬头看他们。即使只是同那些人有眼神交流或者甚至只是认清当下状况，对这些女孩子们来讲都是件恐怖的事情。其中有几个女孩子提到，这种情况在她们走在路上时经常发生，可是她们其中任何一个人都无法形容出车子是什么颜色的，以及车里坐着的人是什么样子的。现在我们来做一个约定，不管是什么物体或者什么人出现在自己的周围，一定要格外注意。要记住，学着去做一个机灵的人，这个世界需要更多的机灵鬼（如果你没有听过这句话，现在应当记住这是伍迪·艾伦的名言）。车从身旁驶过去的时候要注意看是谁坐在车里面。对很多女孩子来说，当自己走在路上的时候，如果让她们去做这样的观察会觉得尴尬和害怕。这种恐惧可以看作是害羞的一种，它会立刻减弱你的意识，也就是求生的本能。当然，大多数对女孩子鸣笛、吹口哨或者喊叫的人并不会真的把你拉进车里，但实话讲，如果有同一个人或一群人一直重复这样做，你会不会想知道他或者他们到底是谁。你可以将这个经历告诉别人，因为如果有这样重复行为出现，危险系数便会更高。因此，写到此处想要表达的主要意思还是要让女孩子们学会观察自己周围的情况。眼观六路，做到心中有数，哪怕是别人只是做出一点点骚扰行为也要立即告诉家长或者其他成年人。一定要高度警惕。

还有另外一种稍有些不同的情况。几个女孩子曾经跟我讲述过，当她们走在学校的走廊里，会遭到一些男生的羞辱或者语言攻击。其中大部分女孩子对我说她们都把这当成另外一种形式的赞美。还有几个女孩子说她们只能装作没有听到，因为不知道该怎么去回应这些带有“性”色彩的词语。有个孩子说她只是把这些言论当成一种噪声，从来不去分辨和倾听。然而还有一个从小时候就遇到这类问题的女生告诉我这是一直都在困扰她的问题。她的胸部很丰满，走在学校走廊上男孩子们都会直接当面评论。在某个下午她实在觉得自己不能再忍受了，便停下了脚步，直直地盯着那两个调戏她的男生，很聪明地对他们说道：“如果你们把我想成自己的妹妹，还会说出这样的话吗？”男孩们听到后又以另一句难听的话回击。尽管事实上女孩的反击可能没有对男孩产生什么影响，但是女孩觉得心里舒服了很多。好多年前在我读中学的时候，如果让那时候的男生说出这样的话，他们一定会尴尬死。我知道这是大多数人的想法，但还是会有那么几个人喊出这样的话。是的，时代在变迁，人们能够接受的东西越来越多。但是不管你住在哪里，也不管你的接受程度有多高，这种无理的大声说话方式还是会让人觉得不舒服。

认识的一个女孩曾经说过，如果她看见有高中男生对新生说出一些粗鲁的话，她一定会大声举报出来。这个女孩说她曾经注意到一个女生在学校里边走边哭，她就上前去问这个女孩发生什么事了，女孩告诉她有几个男生一直在用一些带有“性”倾向的词语骚扰她，这个女孩承认自己完全不知道该怎么做了。稍大的这个女孩子帮助她通过自己的朋友找到了那几个可恶的男生反击回去。这个故事是想要告诉你，如果自己觉得心里不舒服的时候，或者其他人遇到类似情况，一定要大声地说出来。

III. 针对介于儿童和少年之间的孩子

也许家长对这部分的内容会更有意了解一些。当你和孩子都完成此部分的阅读之后，可以问一下孩子他们学到了什么，是否有什么疑问或者自己有什么想法。之后可以通过提问的形式，帮助孩子打开讨论的话题，解答他们的疑惑更正错误的理解。在这个过程中，你也可以加上自己的看法。在这一部分后面的《安全协议》需要你和孩子共同去阅读并且签署。

9~12岁

此部分内容适合孩子单独阅读。

相信到目前为止你已经对安全问题有相当程度的认识了。在学校里也会有老师强调，我很确定现在你也可以对我讲出一两个安全话题了。那么现在我们直接跳过基础内容，然后你可以测试一下自己的哥哥或姐姐，甚至可以去测试一下爸爸或妈妈。顺便说一下，如果不是由爸爸妈妈照顾的孩子，可以找爷爷奶奶或者其他照顾自己的人来测试。我使用“爸爸”、“妈妈”这样的词语，是用来指照顾你的人，能够做到自己把他（她）换成相应的称呼吗？

在你看来，安全意味着什么呢？对我来讲，安全就是要始终知道自己在哪里。如果连自己在哪里都不清楚，也不认识同自己在一起的人，那就实在没法确认是处在安全的环境之下。安全同样还意味着能够照顾好自己，并且做出正确、积极的选择。

你会随便坐进不认识的或者不想在一起的人的车里吗？可以和父母一同讨论一下这个话题。我为什么要和那个人坐在一辆车里？还有谁会一起？是否是跟着给自己买东西的人走了？我会不会直接跟一个看起来很善良的人走？

请一定要记住：除了爸爸妈妈说可以以外，绝对不要随便坐进别人的车。

那如果车开到你旁边，车里的叔叔或阿姨向你问路怎么办？一定要记住这时一定要及时地离开那辆车。你没有必要一定要去帮助他们。如果不快速走开，很有可能就会让自己陷入麻烦之中。即使你觉得你认识他们，但只要他们的名字不在安全名单里，就绝对不能随便同他们搭话。如果你觉得一定要说些什么，那就在自己从车旁边离开后把这件事告诉爸爸妈妈。

那如果车停在路上然后几个看起来很善良的人从里面走出来，告诉你他们正在找走失的小狗、宠物蛇或者小猫呢？他们说需要你的帮助。如果遇到这样的情况，也一定要记住，只要他们不是出现在安全名单里面的人，就绝对不要上前提供帮助。这时你要是立刻穿过马路离开他们，就不会陷入麻烦。再强调一遍，即使这个女人看起来长得很像朋友的妈妈，也不能随便帮助她。只要不离开车就可能有意外发生。如果你是在关心她们走失的宠物蛇、小狗或者小猫，就把这件事讲给爸爸妈妈听，让他们来帮助你。

如果在商场里和把自己带到这里来的人走散了，你会怎么做呢？可以深入思考一下这个问题。这时你可以大声喊着把你带过来的人的名字。因为他（她）一定也在找你，所以大声喊一定会有所帮助的。没有父母会因为在走失的时候大声喊叫责怪你的。

你也可以走到问讯台前，告诉商场服务人员自己同家长走散了。有时候孩子会觉得这样做很尴尬，但是相信我，所有人都有过这样的经历。如果你这样做，你只需要在柜台前面等着家长来带你走便可以了。除了这两种方法外，还能想出其他好办法吗？

不要完全相信别人对你讲的话。这个世界上绝大部分的人都想要去帮助别人，但是如果你不能确定，就一定要去确认安全名单上是否有这个人的名字。就像当有人告诉你，你“应当”和他们去哪里而你又不认识这些人的时候，一定要给信任的人打电话寻求帮助。

IV. 儿童智囊

其实针对儿童的安全规则同青少年时期的并无区别，您需要同孩子一起共同阅读这一部分，确保孩子可以理解内容。慢慢地阅读，不要让过程变得烦琐复杂。您需要时不时地去确认一下孩子是否有些需要解答的问题与疑惑。您可以把这部分内容当作一本指导手册，指导您遇到不同情况时的反应，并且可以加入自己的观点。阅读到最后的时候，孩子需要对他们应当为了保证安全作出哪些努力这个问题有所认识。对于稍大一点比如8岁及9岁的孩子也可以阅读以下第三部分（针对介于儿童和少年的孩子的章节），如果您觉得那样也会对您的孩子有所帮助，也可以直接选择第三部分的内容。

小提示：有些孩子的父母并没有在身边照顾他们，可以让爷爷奶奶或者其他家庭成员、朋友来替代。因此，当您阅读到“爸爸”、“妈妈”这样的称呼的时候，需要用相应的称呼来替换。

6~9岁

本部分内容需要您和孩子共同阅读。

思考一下安全的定义？是否了解安全的意义是什么呢？事实上，安全是指爸爸妈妈能够及时了解你所在的地方，并且可以知道你是不是不舒服。

就像你所知道的，很多人都很爱你很关心你。出现在自己生活中的哪些人一看到就会有安全感呢？你为什么能够信任他们呢？你又对他们了解多少呢？

你可以和照顾你的人一起，做出一个表格，列出这些人的名字，包括他们的联系电话以及能够找到他们的地址。

如果有安全名单以外的人让你坐他（她）的车你会答应吗？你会和谁一起乘车呢？会和给你糖果的人一起吗？会和看起来十分善良的人一起吗？可能现在你并不需要思考这些问题，但是出于安全层面考虑，一定要记住除非爸爸或妈妈告诉你可以这样做，否则千万不要坐上安全名单以外的人的车。

如果现在有一辆车停在路边，司机过来问你能不能帮助他们，你会怎么做。这时你要记住，一定要赶快离开那辆车，不要上前去帮助他（她）。只有赶紧离开才不会陷入麻烦，等离开以后可以告诉爸爸妈妈刚才发生了什么事情。

那如果车停在路边，然后从车里走出来一个很善良的人，对你说他们正在寻找丢失的小狗、宠物蛇或者小猫呢？他们需要你的帮助。出于安全考虑，千万不要上前去帮助他们。只有穿过马路离开那个地方才不会导致悲剧的发生。如果你实在是特别关心那个人的宠物蛇或者小猫小狗，可以回到家中告诉爸妈让他们过去看一下能不能帮上忙。之前有一个认识的小男孩遇到这种情况后回家请爸爸过去帮忙的时候发现，那些人的确是在假装求救，也根本没有什么走失的小狗。那么你想一下他们这样做的目的到底是什么呢？

如果在商场里同跟你一起去的人走散，你会怎么做呢？这时哭是一个很好的办法。还有一个更好的办法就是站在原地使劲大声喊，直到跟你一起过来的人找到你的位置。要记住带你过来的人也想快点找到你，所以喊叫是正确的，他们不会因此而对你生气的。

那你可以喊什么内容呢？也许你就可以跟在家里一样，如果我们意见发生分歧的时候可以一起喊“小鸡脚”，也可以同父母或者其他照顾你的人一起商量讨论。

另一个办法是走到买完东西结账的柜台处告诉那里戴着名牌的工作人员你找不到带你来的人了，然后直到家人找到这里之前不要离开。

不过还是要记住，去商场的时候一定要紧跟带你过去的人，确保自己一直在他（她）的视线范围之内。

找不到那个人的时候要喊什么呢？

如果有人用你不喜欢的方式碰你让你感到不舒服的时候应该怎么做呢？你是否知道在这种状况下大声地说“不”是可以的，或者也可以喊“不要碰我”。即使也许会有些难度，但要把当下的情况告诉另外一个成年人。任何人（包括成人和孩子）都不应该随便碰你，你有权利大声地拒绝。

现在就开始练习说“不”或者“停下来！”

作为家长，您应当和孩子一起列出一个名单，让孩子知道有人用不喜欢的方式碰自己的时候应该去找谁。

如果你想自己去外面玩一定要和照看你的人说清楚，绝对不可以自己出去。

希望你可以制订一个让自己保持在安全环境中的计划。世界是美好的，但我还是希望你可以通过简单的方式来保障自己的安全。上面这些是我所想到的内容，或许你还有更好的建议可以来补充。是什么呢？把它们加到这个安全规则中来吧。

3~6岁

这一部分内容需要您读给您的孩子听。

慢慢地，尽量地去简化过程。您应当制作一个“安全规则”

的列表，将它张贴在孩子可以看得见的地方，尽管他（她）现在可能还不会读，这对您的孩子将会产生很大的影响。请记住，这个年龄段的孩子认为陌生人都是看起来“卑鄙、丑陋”的，所以要避免使用这样的词语。

小贴士：妈妈和爸爸应当在这里写上各自照看孩子的时间，如果需要可以把名字作为副标题。

让我来告诉你安全是什么。你知道“安全”这个词语的意思吗？

通过什么样的途径可以保证安全呢？

在我看来，安全就是可以让爸爸妈妈每时每刻都知道你在哪里。不要在没有告诉我的情况下自己跑开或者先自己做________。

要知道有很多人都是爱你关心你的。出现在你的周围来照顾你的这些人叫什么名字呢？要记住只有这些人才是真正关心你的。

你会跑进一个名字没有出现在这个名单上的人的车里吗？（希望您的孩子可以直接说出“不！”）

你会跟着给你糖果的人走吗？你会跟着看起来很善良的人走吗？（再重复一次，这里需要您的孩子直截了当地说“不”，如果没有做到，要耐心地解释给他听。）

出于安全的考虑，在得到爸爸妈妈的允许之外，不可以坐上任何名字没有在名单中的人的车！

那么告诉我，谁可以让你跟他（她）一起坐车呢？

这时就需要您跟孩子一起列出这样一个名单。

如果你跟列表中的人一起去商场，然后在商场中与他（她）走散了，你应该怎么做呢？

你应该站在原地，大声地喊叫求助。在家里我们同孩子已经讨论好了如果有这种情况出现，就一起喊“小鸡脚”。

制作一个名单，当孩子知道自己走失的时候可以向谁寻求帮助。请现在就开始制作！——尽量做得有趣一点！

如果有人用不喜欢的方式碰你或者已经给你造成伤害，就算是爸爸妈妈，你都应该对他（她）说什么呢？

“停下来，你已经弄疼我了！”或者一个简单的“不”都是很好的拒绝方式。你需要告诉这个名单中的任何一个人刚才发生了什么样的事情，这样爸爸妈妈都会为你的聪明做法感到骄傲的。

现在就开始练习“不”或者“停止”。

如果你想去外面玩，一定要告诉照顾你的人，没有经过允许哪里都不能去。

如果您想到其他更好的规则，就把它加到这个列表中去。不要给孩子太大的负担，尽量地简化，一步一步地执行。

V. 安全协议

针对青少年的安全协议

这份协议可以帮助您跟孩子更好地遵守安全守则，可以同孩子一起填写。

基本安全规则协议

我，____________十分关心自己的安全问题，理解我的监护人____________是出于爱我、保护我的心理，是为我着想。

我同意签署以下规则：

1）我会记住同监护人共同选择的人的名字与电话，在需要或者联系不上监护人时打电话给他们。

2）在没有告诉________________的情况下，我不会擅自同任何人去任何地方。（包括同陌生人见面）

3）在没有告诉________________的情况下，我不会坐进任何人的车里。

4）如果携带手机会将它随时带在身边并且会及时回复电话或短信。如果没带手机，会保证让__________________可以联系到自己。

5）如果他人对待我的方式让我感到不舒服的时候会立刻拒绝。

6）我不会在网上公开任何个人信息，包括家庭住址等等。

7）在我感到不适的时候会不分时间及时给家里打电话。同时监护人同意不会因为此类原因的电话生气，不论任何时间地点。

8）如果别人让我做事或者改变与监护人事先拟订的计划，一定要事先考虑和研究清楚。

签字：____________________

监护人签字：______________

针对儿童的安全协议

这份协议旨在帮助让年龄较小的孩子可以遵守安全守则。

基本安全规则协议

我，_____________十分关心自己的安全问题，理解我的监护人_____________是出于爱我、保护我的心理，是为我着想。

我同意签署以下规则：

1）我会记住同监护人共同选择的人的名字与电话。

2）在没有告诉___________________的情况下不会自己去

任何地方玩。

3）在没有告诉____________________的情况下不会上任何人的车。

4）如果我不喜欢别人碰我或者感到不舒服的时候会立刻拒绝。

5）我不会在网上公开任何个人信息，包括家庭住址等等。

签字：______________________

监护人签字：________________

VI. 安全等式

安全等式是可以鼓励孩子在状况发生前判断当下情况的一种简单有效的方式，指导孩子学会要在思考之后再做决定。对当下情况进行判断以及在此基础上做出正确决策是理性思考的一部分，在如今绝大多数行业中都对这种能力有着极高的要求。因此孩子可以从安全等式的练习中锻炼这个能力，帮助他们去解决问题，学会判断什么是该相信的，什么是该做的，慢慢地成长成熟起来。

安全等式包括：

- **观察：**当下是什么情况？我对此了解又有多少？
- **评估：**哪些现实因素是重要的，哪些是不重要的？当下是有利、不利还是不好不坏的情况？问题出在了哪里？该如何改进？
- **采取行动：**我该做些什么？该怎样对当前情况作出相应的正确反应？
- **计划评估：**这样的决定对吗？是不是还有更好的选择？这

个决定能够在多大程度上解决问题？

研究以下场景，与孩子一起讨论如果是他会怎么做。因不是所有案例都与安全问题相关，且有些略微隐晦，所以需要家长引导孩子共同讨论。家长把针对每个场景不同的答案写下来，也可以通过添加或者删去部分因素改变故事的难度，让孩子做出不同的回答。此外，最好可以把自己的亲身经历作为讨论的素材，这样才会得出最恰当的安全等式。

讨论的时候一定要参考孩子当前的年龄、发育情况，孩子有可能会出现不理解、钻牛角尖的情况，这也会产生一定影响。

6~9岁儿童

情景一：爱丽丝与简回家的路线相同，放学总是会一起骑车回家，今天两人想比赛看谁先到。简特意骑了新车子把爱丽丝甩在了后面，而爱丽丝打算抄近路。那么简的安全公式是什么？爱丽丝的呢？

- **简：**往常路线骑车回家+独自一人+新自行车=较小的危险性（她的确是独自一人。）

- **爱丽丝：**沿新路线骑车回家+独自一人=潜在危险（事实上后来爱丽丝迷路了，晚了一个小时后才到家把母亲吓坏了。）

情景二：母亲午睡的时候萨米正自己在房间里玩，门铃响起，他从窗外看到了一个不认识的人。

- **萨米**：睡觉的母亲+陌生人=不适合给他开门（如果这人有重要的事情他一定还会回来的。）

12～15少年

情景一：奥利维亚是班里最受欢迎的女生，她也是一个聪明的女生，并且第二天有一场十分重要的大考。男朋友迪伦虽然也想在考试中好好表现却嘲笑奥利维亚是个“书呆子”。他想让她放松一下，提议晚上一起去看晚场电影。

- **奥利维亚**：做个书呆子+考试=学习是首要的
- **奥利维亚**：做个书呆子+考试+男朋友的压力+好电影=难以选择（奥利维亚在认真考虑现实因素后还是坚持认为考试才是最重要的。）

情景二：现在是十月末，早上大概是华氏54度。今天预报会有雨，夏洛特穿着背心跟马甲，她想让自己在世界历史课上的帅男生同桌眼里看起来更漂亮一点。但是她现在还在感冒中。

- 54度+不会回暖+夏装+帅气的男生=艰难的抉择
- 54度+不会回暖+夏装+帅气的男生+感冒=情况再明显不过了，穿上毛衣外套比帅男生重要多了！（事实上帅男生胜利了，结果是夏洛特感冒更加严重，病倒在床。）

15~18少年

情景一：约翰正在开车去参加一个派对，他只有十七岁，有一个临时驾照。隔壁镇子里有一个很棒的派对，每个人都想去那里，班里一个十分受欢迎的女生问他能不能载她过去。他们坐进车后，女孩告诉他自己刚开始准备驾照考试，想练习开车。

- 约翰独自驾驶+临时驾照=一定的危险性（新手上路）
- 约翰与苏西一起+临时驾照+苏西想练习开车=潜在危险（是的，约翰答应让苏西练习，她一上车就撞到了一辆路边车的窗户上，还好没有人受伤，最后以约翰赔了300美元告终。）

情景二：儿子想要认识更多的朋友，刚好最近自己要出差，儿子就认为这是一个绝好的机会，他公开了家里的地址，定了一个时间表明那个时间任何人都可以来家里玩。

- 儿子+朋友+无监督=潜在危险
- 儿子+朋友+无监督+信息网络公开=问题（儿子很快被强制把私人信息从个人主页上删除，父亲给邻居打电话拜托他在那天稍晚的时候去自己家里监督，后来儿子也意识到这种做法是不正确的……）

VII. 安全问题联系人名单

您可以与您的孩子共同填写这张名单，可以将您信任的人的名字与联系方式写在上面，后附照片或者让孩子画一张照片

________________________ **的安全名单**

照片	姓名：____________ 首选联系电话：____________ 备选联系电话：____________ 邮箱：____________ 地址：____________ ____________

照片

姓名：

首选联系电话：

备选联系电话：

邮箱：

地址：

照片

姓名：

首选联系电话：

备选联系电话：

邮箱：

地址：

照片

姓名：

首选联系电话：

备选联系电话：

邮箱：

地址：